敦煌艺萃

敦煌
传统游戏寻踪

Searching the Clues
of Dunhuang Traditional Games

胡同庆 著

文物出版社

图书在版编目（ＣＩＰ）数据

敦煌传统游戏寻踪 / 胡同庆著 . -- 北京：文物出
版社 , 2021.11
（敦煌艺术书系）
ISBN 978-7-5010-7208-8

Ⅰ . ①敦… Ⅱ . ①胡… Ⅲ . ①敦煌学－游戏－研究
Ⅳ . ① K870.64

中国版本图书馆 CIP 数据核字 (2021) 第 181558 号

敦煌传统游戏寻踪

著　　者：胡同庆

选题策划：刘铁巍
责任编辑：王　媛　耿瑷洁
封面设计：马吉庆
责任印制：陈　杰

出版发行：文物出版社
社　　址：北京市东城区东直门内北小街2号楼
邮　　编：100007
网　　址：http://www.wenwu.com
制版印刷：天津图文方嘉印刷有限公司
经　　销：新华书店
开　　本：710mm×1000mm　1/16
印　　张：12.5
版　　次：2021年11月第1版
印　　次：2021年11月第1次印刷
书　　号：ISBN 978-7-5010-7208-8
定　　价：78.00元

前　言

　　游戏，是一种具有娱乐性和互动性的玩耍活动。所谓"娱乐性"，是指参与者可以在活动中直接获得生理和心理上的愉悦；所谓"互动性"，是指参与者可以在活动中与物（如沙土、球类、陀螺）、境（如登高、踏青、翻墙）、人（如角抵、捉迷藏、下棋）等对象进行交流。

　　游戏的渊源甚为久远。游戏伴动物而生，在动物世界里，游戏是各种动物熟悉生存环境、相互了解、习练竞争技能、进而获得"天择"的一种本领活动，同时也让过剩的精力得到消耗。游戏随人类而造，在人类社会中，游戏不仅仅保留着动物本能活动的特质，更融入了人作为高等动物的创造性。人类游戏最早的雏形，可以追溯到原始社会的扔石头、玩石球、投掷棍棒等活动，这些活动显然是以增强生存技能为初衷。社会进步后，举重、角抵、马球、围棋等竞技类游戏开始出现，既与生存竞争和体力、智力培养等有关，同时也是为满足人们的精神文化生活需要。

　　我国的游戏史源远流长。如湖北天门石家河、京山屈家岭等地出土的新石器时期的陶响球，便是在空心的陶球里面装入沙粒石子，摇动时哗哗作响的一种声音玩具。湖北房县七里河还出土了新石器时期的石陀螺。这些玩具的出现均在距今四五千年前。而关于游戏的文字记载，有学者认为殷商卜辞中"庚寅卜，贞，乎品舞，从雨"中的"品"就是蹴鞠的意思，"○"表示球，而"卌"是人双足象形。这段话是说，在庚寅之时占卜，得吉卦，国王命跳"蹴鞠舞"，天降雨①。有关斗鸡、六博的文字记载见于春秋时代则是毫无疑问。《春秋左传·鲁昭公二十五年》云："季、郈之鸡斗。季氏介其鸡，郈氏为之金距。平子怒，益宫于郈氏，且让之。"《楚辞·招魂》云："蓖蔽象棋，有六簙些；分曹并进，遒相迫些；成枭而牟，呼五白些。"

我国古代游戏活动丰富多彩。有学者根据表现形式将其分为角抵类、酒令类、棋类、博类、球类、投掷类、射类、水类、冰雪类、口头文字类、火戏类、豢养类、杂类等类型②。也有学者从游戏的性质和功能入手，将其分为角力、竞技、斗智、猜射、博戏等类型③。

在敦煌壁画和敦煌文献中，保存有许多诸如相扑、斗鸡、玩球、骑竹马、捉蝴蝶、趁猧子、玩弹弓、叠罗汉、倒立、顶竿、堆筑以及围棋、双陆、樗蒲、藏钩等古代人们游戏活动的图像画面或文字记载，这些画面和文献对于进一步全面探讨中国古人游戏娱乐活动很有帮助，同时也为当代儿童和青少年教育以及各年龄段人的精神文明生活提供了一些可以借鉴的材料和思路。

本书主要从游戏活动的目的和功能作用角度考虑，将游戏分为自娱娱他类、竞力类、竞技类、竞智类，另外根据特殊表现形式专列出文字游戏一类。

本书以介绍为主，对游戏本身的功能作用以及与其他活动的关系等一般不作分析探讨。在介绍某一种游戏时，为了避免篇幅冗长，一般只叙述其源，对其流则大多省略。由于图像资料与文献资料更容易令人信服，相对而言也更为珍贵，因此本书尽可能为读者提供形象生动的图像画面，同时所有图像画面的定名尽可能做到准确，对于所有引用的文献史料也尽可能反复核对其真实性。

① 麻国钧、麻淑云：《中华传统游戏大全》，农村读物出版社，1990年。
② 麻国钧、麻淑云：《中华传统游戏大全》，农村读物出版社，1990年。
③ 蔡丰明：《游戏史》，上海文艺出版社，1997年。

对于古代敦煌的游戏资料，虽然有学者在诸如民俗、体育等领域中已有所涉及，但尚无人进行系统研究，也没有有关敦煌古代游戏的专题著作出版。希望本书起到抛砖引玉的作用。

目
录
Contents

第一章

自娱娱他类游戏

人们在日常生活中，有时是独处，有时则与他人平淡相处或互帮互助。表现在游戏活动中，便有了不少的自娱以及娱他类游戏。

自娱，即设法让自己的心情愉悦，如儿童自由自在地嬉戏、堆积泥土、骑竹马、采花摘草等；娱他，则是设法使别人快乐、愉悦，如母亲用拨浪鼓逗引婴童发笑、艺人通过表演让观众愉悦等；也有自娱同时也娱他人的，如踏舞者戴假面舞蹈既让自己愉悦，也让围观者快乐。

在敦煌壁画和敦煌文献中，自娱娱他类游戏主要保存有骑竹马、骑牛、斗草、采花、爬树、捉蝴蝶、趁猧子、聚沙成塔、嬉戏、玩耍拨浪鼓、木偶戏、假面舞、踏青、登山、滑沙等活动的图像或文字记载。

笑看儿童骑竹马

所谓骑竹马，即是以一根竹子当马，夹在两腿间，来回奔跑、嬉闹。民间骑竹马游戏的历史十分久远，据《后汉书·郭伋传》记载，郭伋在并州为官时政绩很好，与民众素结恩德，后来"始至行部，到西河美稷，有童儿数百，各骑竹马，道次迎拜"[1]。《博物志·附录一》中也记载道："小儿五岁曰鸠车之戏，七岁曰竹马之戏。"[2]《世说新语·方正》中则记载有："帝曰：'卿故复忆竹马之好不？'"[3]这里的"竹马"虽然代指儿时的友情，但也说明骑竹马是当时儿童们的游戏。

①《后汉书》,中华书局，1965年，第1093页。
② 张华撰，祝鸿杰译注：《博物志》，台湾古籍出版社，1997年，第319页。
③（南朝宋）刘义庆：《世说新语》，《丛书集成初编》，中华书局，1991年，第72页。

图 1-1　敦煌佛爷庙湾 36 号魏晋墓　骑竹马

　　敦煌佛爷庙湾 36 号魏晋墓中有一幅描绘儿童骑竹马的砖画（图 1-1）。画面中间一个孩童身着圆领短袖衣，下身赤裸，作弓步（骑马）状，一根竹马弯弯在胯下。孩童右手扶竹马，高兴地转过头来用左手去拉母亲的右手。画面左侧立一身穿长袍的男子，或许是孩童的父亲。图中男孩赤裸下身，大概是画工想借此表现孩子的天真无邪。

　　在敦煌晚唐第 9 窟的东壁门南侧也有一幅儿童骑竹马的画面。画面描绘的是晚唐时期一群贵族供养人礼佛的情景，在供养人行列中，一位贵妇人的右后侧有一个身穿红色花袍、内着襕裤、足蹬平头履的小顽童。童子左手将一条弯弯的竹竿放在胯下，右手拿着一根带竹叶的竹梢作为赶马之鞭，抬头调皮地仰望妇人（图 1-2）。在一群严肃的礼佛贵族妇女中，一个可爱的孩子骑着竹马窜来窜去，充满了生活气息。

　　骑竹马游戏在唐代极为普遍。唐代大诗人李白《长干行》诗曰："妾发初覆额，折花门前剧，郎骑竹马来，绕床弄青梅。同居长干里，两小无嫌猜。"[①] 仅此几句，儿童一起活泼嬉戏的情景已宛若目前。此外亦有白居易《赠楚州郭使君》："笑看儿童骑竹马，醉携宾客上仙舟。"[1]《喜入新年自咏》："大历年中骑竹马，几人得见会昌春。"[2]

　　敦煌遗书卷子中也有关于骑竹马的文字记载。P.2418《父母恩重经讲经文》："婴孩渐长作童儿，两颊桃花色整辉；五五相随骑竹马，三三结伴趁猧儿。"[3] P.2292《维摩诘经讲经文》亦云："父母闻言道大奇，少年本分正娇痴，却思城外花台礼，不把庭前竹马骑。"[4]

　　据说骑竹马预示小孩长大后会走富贵路，所以大人多是喜欢小孩去骑竹马。而竹马简单易玩，以竹、以木、以秫皆无不可，再手持刀、枪、剑、棒之类，威风凛凛，颇有将军气概，故也广为男孩子所喜爱。古人常以骑竹马作为童年的象征，如杜牧《杜秋娘诗》："渐抛竹马剧，稍出舞鸡奇。"[5] 如今，不少老人回忆早已逝去的童年时也会感慨："记得小时骑竹马，不觉已是白头翁。"或感叹："想当年穿开裆裤骑竹马，转眼已是白头翁。"[6]

图 1-2　晚唐第 9 窟东壁南侧　供养人行列中的骑竹马图

① 《全唐诗》第448卷第 7 首。

② 《全唐诗》第 459 卷第 60 首。

③ 王重民等编：《敦煌变文集（下集）》，人民文学出版社，1957年，第 684 页。

④ 王重民等编：《敦煌变文集（下集）》，人民文学出版社，1957年，第 607 页。

⑤ 《全唐诗》第 520 卷第 2 首。

⑥ 麻国钧、麻淑云：《中华传统游戏大全》，农村读物出版社，1990年，第 556 页。

①《全唐诗》第390
卷第21首。

宋、金、元历代也可见骑竹马相关的内容。如苏轼《元日过
丹阳明日立春寄鲁元翰》："竹马异时宁信老，土牛明日莫辞春。"
元好问《寄女严》："竹马几时迎阿姨，五更教诵木兰篇。"唐宋时
期，骑竹马游戏有所发展，除去最原始的竹马继续流行之外，又
出现了一些比较复杂的竹马，如以竹或以纸等扎出马头。宋代的
白地黑色婴戏陶枕（图1-3）向我们展示了当时儿童玩骑竹马游戏
的情景。图中的小童右手高扬马鞭，左手拉住马头缰绳，胯下之
"马"拖着带竹叶的长长尾巴，马头形象逼真。由此，我们想到唐
人李贺《唐儿歌》诗中的句子："竹马梢梢摇绿尾，银鸾睒光踏半
臂。"①这种"摇绿尾"的竹马与图中所绘颇有相似之处。

明代方于鲁是安徽制墨名家，曾制"九子墨"，其上绘有童戏
图（图1-4），其中孩童所骑竹马与上述宋代陶枕所绘又有不同，
除逼真的马头之外，后面又牵拉一横竿，竿头各有一轮，形似小
车。一小童高扬马鞭，半蹲半坐，其后一小童手举荷叶以代帷盖。
前面有一小童肩扛小旗，并与另一小童各击一锣、一鼓，热热闹

图1-3 宋代陶枕 儿童骑竹马

闹，喜不自胜。

明清时的年画、诗文中多有表现儿童骑竹马的，如姑苏桃花坞年画的"百子全图"、《京师竹枝词》等。李声振《百戏竹枝词·竹马灯》："岂为南阳郭下车，筱骖锦袄倩人扶。红灯小队童男好，月夜胭脂出塞图。"原注曰："元夜儿童骑之，内可秉烛，好为'明妃出塞'之戏。"[①] "马"的制作又

图1-4 明代九子墨 童戏图

添花样，在马头内装以烛灯，以便夜晚骑玩。不仅如此，儿童们还成群结队，模仿舞台上的《昭君出塞》。上述种种，虽经诸多变化，奇巧万端，但总不出童戏范畴。

竹马的另一发展趋向是日益艺术化，甚至向戏剧化发展。南宋周密《武林旧事》卷二《舞队》有"男女竹马"一项[②]，说明宋代已将竹马列入"舞队"，并且是由男女同跳的。明清之际，在南方许多地区广泛地流行"竹马灯"。竹马灯，又名"耍马灯""踩马灯""跑马灯""唱马灯"等，是一种民间歌舞。每逢年节，田间无事，农民便组成竹马灯队，舞者身上挂着竹扎纸糊的马形，吹吹打打，边行边舞，走村串乡。北方如山东省昌邑县宋庄乡西小章村便有传统的竹马歌舞队。这个队伍由村中马姓家族世代传承下来，据说已有四五百年的历史了。歌舞队包括"马队""叉队""刀队""匝枪队"等，共百余号人，行进时浩浩荡荡，大有

① 转引自麻国钧、麻淑云：《中华传统游戏大全》，农村读物出版社，1990年，第559页。
② （南宋）周密：《武林旧事》，《丛书集成初编》，中华书局，1991年，第43页。

宋代舞队之遗风。其中"马队"有四男四女，每人胯下一竹马，再加上中间有一人骑一黄骠马，共九人九马[1]。

宋元时期，竹马在戏曲演出中得到广泛运用。曲牌中有《竹马儿》《番竹马》等。元杂剧中，竹马是以战争为题材的戏剧所不可缺少的道具，如《霍光鬼谏》《追韩信》等剧中常常见到"踏竹马上""骑竹马上"等舞台提示。元代杂剧中的竹马可能也是一根竹竿。这种竹马在舞台表演时并不方便，随着戏曲艺术的日渐完善，竹马经历代艺人的提炼、改造，最终变成一根马鞭。马鞭这一程式化道具的定型期大约在明清[2]。

竹马的戏剧化，不仅表现为马鞭的递嬗，也表现在一种独立剧种——竹马戏的形成。浙江淳安跳竹马戏历史悠久，始于元末。据清《淳安县志》记载，朱元璋屯兵淳安鸠坑源的谷雨岭（今万岁岭），曾遗下一匹战马，战马因思念主人，日夜嘶叫于山冈，然乡民觅而不得，遂惧"神马作祟"。为祈祷地方平安，岭下各村百姓皆糊纸竹马，让孩童骑上它，走村串户边跳边索讨"常例钱"，然后买得香纸，连同竹马一起焚化，借以超度战马亡魂[3]。后演变为一种民间歌舞活动，一直延续至今，但这和儿童游戏已经相去甚远了。

20世纪60年代，男孩子们最喜欢玩的游戏之一便是骑竹马。孩子们用一根竹竿放在两腿中间当马指挥着它或奔或停。小巷内、街角边、天井中都可见放了学的顽童在骑竹马。

现在，要想看到儿童挥舞竹竿骑竹马已不容易，尤其是在城市里。儿童游戏往往是对成人世界的某种仿效。在交通工具发生变化，代步工具从车、马、轿演变为汽车、火车、飞机时，孩子们不再骑竹马是自然而然的事情。何况马已从都市生活中退出了，

①麻国钧、麻淑云：《中华传统游戏大全》，农村读物出版社，1990年，第559页。
②麻国钧、麻淑云：《中华传统游戏大全》，农村读物出版社，1990年，第560页。
③引自 http://baike.baidu.com/view/3005841.htm。

竹马也已经不大觅得到了，孩子们可能压根就不知道竹马为何物。骑竹马似乎已经成了一种历史的记忆。

骑竹马游戏的消失，从一个侧面表明了社会物质生活的变化。从汉唐时期一直到 20 世纪 60 年代，骑竹马的游戏都没有发生什么大的改变，而近二三十年来，社会生活有了很大不同，竹马只是一斑。

骑牛吹笛寻山去

骑牛是孩子们最喜欢的游戏之一，骑在上面晃晃悠悠，颇为有趣，并且有一种驾驭感。与骑竹马相比，骑牛更具为刺激。

古代诗词中有许多描写骑牛的诗句。唐诗中如于鹄《巴女谣》："巴女骑牛唱竹枝，藕丝菱叶傍江时。"[1]于濆《山村晓思》："牧童披短蓑，腰笛期烟渚。不问水边人，骑牛傍山去。"[2]韦庄《赠野童》："羡尔无知野性真，乱搔蓬发笑看人。闲冲暮雨骑牛去，肯问中兴社稷臣。"[3]成彦雄《村行》："暖暖村烟暮，牧童出深坞。骑牛不顾人，吹笛寻山去。"[4]隐峦《牧童》："二月三月时，平原草初绿。三个五个骑羸牛，前村后村来放牧。笛声才一举，众稚齐歌舞。看看白日向西斜，各自骑牛又归去。"[5]宋诗宋词中如黄庭坚《牧童诗》："骑牛远远过前村，短笛横吹隔陇闻。"[6]王之道《水调歌头》："试问把锄空手，何似步骑牛。"刘克庄《水龙吟》："卖薪沽酒，骑牛腰笛。"鞠华翁《桂枝香》："三三五五骑牛伴，望前村、吹笛归去。柳青梨白，春浓月淡，蹋歌椎鼓。"刘辰翁《汉宫春》："漫骑牛卧笛，乱插繁枝。"刘辰翁《水调歌头》："不见古时月，何似汉时秋。朱陈村里新样，新妇又骑牛。"[7]骑牛吹笛，自娱自乐，也是一种生活情调。

[1]《全唐诗》第 310 卷第 28 首。

[2]《全唐诗》第 599 卷第 3 首。

[3]《全唐诗》第 697 卷第 9 首。

[4]《全唐诗》第 759 卷第 4 首。

[5]《全唐诗》第 825 卷第 23 首。

[6]《全宋诗》第 9 部。

[7] 本书引用宋词皆引自《全宋词》网络版：http://qsc.zww.cn/。

在敦煌壁画中也绘有孩子骑牛的画面。如初唐第 323 窟南壁佛教史迹画《东晋杨都金像出渚》中绘有一组迎佛的人群，骑着水牛和毛驴奔向江边，妇女们手捧莲花，合十礼敬。其中一顽童站立在牛背上，左手扶在御牛老者的左肩上，右手遥指江中船上的佛像，生动展现了孩子骑牛时的欢娱兴奋之状（图 1-5）。

同壁西侧《西晋吴淞江石佛浮江》中绘有祖孙三代骑牛迎佛的画面：一中年男子在前面牵牛，牛背上坐着一老妇和一小童，一中年妇人身背婴儿紧跟在牛屁股后面。笨拙的大水牛蹒跚而行，牛背上的小孙子左手紧紧抓住奶奶的腰，似颇为害怕（图 1-6）。

这两幅图生动形象地描绘了孩子们骑牛时的不同情态，极富有生活情趣。

图 1-5　初唐第 323 窟南壁　东晋扬都金像出渚·骑牛童子

图1-6　初唐第323窟南壁　西晋吴淞江石佛浮江·骑牛童子（局部）

攀树采花斗百草

斗草、采花、爬树等游戏与儿童的生活环境有密切关系。现代城市中所栽的花草树木大多是仅供观赏的，严禁攀摘践踏，所以采摘花草已不再是游戏了。但在20世纪60年代，由于当时城市中的绿地颇多，常见孩童攀树采花摘草，还将斗草叫作"打官司"，十分有趣。孩子们亦在游戏中不知不觉锻炼了体能和智能。

在敦煌壁画中生动地描绘有儿童攀树摘花的场景。如中唐第112窟西壁南侧便绘有七名儿童攀树采花的画面：有三个童子已经爬上了树梢，或摘花，或往树下扔花，或与同伴逗趣；有一童子正试图往树上爬；树下也有三个儿童，其中两童子正在拾取地上的花枝，一童子则正伸手接树上伙伴扔下来的花枝。整幅画面具有浓郁的生活气息（图1-7）。另外如宋代第55窟东壁南侧《金光明经变·长者子流水品》的画面中，绘有一人站立于大树上，一只手攀折树叶，一只手把摘下的树叶往下扔；鱼池边有两人正为即将晒死的鱼盖上树叶，旁侧有父子二人正在合十祈祷（图 1-8）。

斗草，是在一根草的头部打一个活结，然后将另一根也打结的草穿过其结扣中间，看起来像两草交叉，两人各捏草之两头，用力拉扯，直至一草被拉断为止，

图 1-7　中唐第 112 窟西壁　七童子采花

草不断的一方为胜。斗草游戏主要是比较草的韧力，同时也比较参赛者用劲的巧力，所以和斗兽等活动一样，也可以谓作竞力型游戏。另外，斗草游戏也有从所采花草的数量或花草品种名称等角度进行比赛的，没有竞力的意味，因此斗草游戏也可以属于竞智或一般娱乐性游戏。

敦煌壁画中虽然没有发现斗草的画面，但藏经洞出土的敦煌遗书中却有关于斗草、斗花的生动记载。如 S.6537、P.3271《斗百草》（图 1-9、1-10）诗云：

一

建士（寺）祈长生，花林摘浮郎。

有情离合花，无风独摇草。

喜去喜去觅草，色数莫令少。

二

佳丽重朋臣，争花竞斗新。

不怕西山白，惟须东海平。

喜去喜去觅草，觉走斗花先。

三

望春希长乐，南楼对北华。

但看结李草，何时怜颉花？

图 1-8 宋代第 55 窟东壁南侧 爬树摘叶

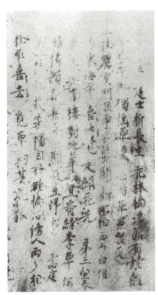

图 1-9 S.6537《斗百草》　　图 1-10 P.3271《斗百草》

喜去喜去觅草，斗罢且归家。

四

庭前一株花，芬芳独自好。

欲摘问旁人，两两相捻取。

喜去喜去觅草，灼灼花其报。

第一首，"摘"与"择"谐音，说的是斗百草时在花林中选择情郎。第四首，"两两相捻取"，暗谓成双配对，结为秦晋之好。

在这四段具有民歌风格的诗里，透露出两种斗草的形式：一是"争花竞斗新"和"芬芳独自好"，互比所采之花的"新"（新鲜）、"好"（美艳）和"芬芳"（香味），以此作为斗胜的要求和标准；二是"有情离合花，无风独摇草"，互对花草之名，如"离合花"对"独摇草"，要求就像对对子一般。显然，后一种游戏形式要求稍高。

斗草之戏可能始于周代，《诗经·周南·芣苢》也许可作旁证，诗中记载："采采芣苢，薄言采之。采采芣苢，薄言有之。采采芣苢，薄言掇之。采采芣苢，薄言捋之。采采芣苢，薄言袺之。采采芣苢，薄言襭之。"[1]芣苢即车前草，韧性强，耐拉扯。车前草是玩斗草游戏的好材料，直至今天仍然如此。

斗草游戏到了春秋时期便颇为盛行，唐人刘禹锡《白舍人曹长寄新诗，有游宴之盛，因以戏酬》中写道："苏州刺史例能诗，西掖今来替左司。二八城门开道路，五千兵马引旌旗。水通山寺笙歌去，骑过虹桥剑戟随。若共吴王斗百草，不如应是欠西施。"[2]说的是春秋末期，吴王和西施就已在宫中玩斗百草游戏了。

到了南北朝，斗百草在南方已演变为节日的风俗。宗懔《荆

① 袁愈荌译诗，唐莫尧注释：《诗经全译》，贵州人民出版社，1981年，第13页。
②《全唐诗》卷360第4首。

楚岁时记》载："五月五日……四民并踏百草，……今人又有斗百草之戏也。"①每年端午节，民间百姓除了食粽子、饮雄黄酒、举行赛龙舟外，还有斗百草的习俗。

唐宋时期斗草游戏更为盛行。如崔颢《王家少妇》诗云："闲来斗百草，度日不成妆。"②白居易《观儿戏》诗云："龆龀七八岁，绮纨三四儿。弄尘复斗草，尽日乐嬉嬉。"③杜牧《代人作》诗云："斗草怜香蕙，簪花间雪梅。"④刘驾《桑妇》诗云："归来见小姑，新妆弄百草。"⑤司空图《灯花三首》诗云："明朝斗草多应喜，剪得灯花自扫眉。"⑥贯休《春野作五首》诗云："牛儿小，牛女少，抛牛沙上斗百草。"⑦柳永《木兰花慢其二》词云："盈盈，斗草踏青。人艳冶，递逢迎。"柳永《斗百花其二》又云："春困厌厌，抛掷斗草工夫，冷落踏青心绪。"晏殊《破阵子·春景》词云："疑怪昨宵春梦好，元是今朝斗草赢，笑从双脸生。"李清照《浣溪沙》词云："海燕未来人斗草，江梅已过柳生绵。"吴文英《祝英台近·春日客龟溪游废园》词云："斗草溪根，沙印小莲步。"

古代妇女为了增添游戏的刺激性，斗草斗花时还常常会取下头上的宝钗作为赌注。唐代郑谷《采桑》诗云："何如斗百草，赌取凤凰钗。"⑧宋代陈亮《水龙吟·春恨》词云："金钗斗草，青丝勒马。"即是这一情形的写照。

清代宫廷画家金廷标绘有一幅《群婴斗草图》，根据题款当作于乾隆二十九年（1764年）农历五月五日端午前，今藏于北京故宫博物院。此画为挂轴，画面为一群男孩在湖石花丛间斗草嬉戏，提供了儿童从采草到斗草全过程的形象资料，甚为珍贵。

①（南朝梁）宗懔：《荆楚岁时记》，《丛书集成初编》，中华书局，1991年，第11页。
②《全唐诗》卷130第21首。
③《全唐诗》卷433第15首。
④《全唐诗》卷524第12首。
⑤《全唐诗》卷585第12首。
⑥《全唐诗》卷633第43首。
⑦《全唐诗》卷828第26首。
⑧《全唐诗》卷674第3首。

①《全唐诗》卷346
第24首。
②《全唐诗》卷225
第41首。
③（唐）段成式：
《酉阳杂俎》卷1，
《丛书集成初编》，
中华书局，1985年，
第2页。

捉蝴蝶、趁猧子

喜欢动物是儿童的天性，捉玩、饲养昆虫和小动物也就成了孩子们的游戏之一。敦煌遗书 P.2418《父母恩重经讲经文》载道："孩儿渐长成童子，慈母忧心不舍离；近火专忧红焰烧，临河恐坠清波死。捉蝴蝶，趁猧子，弄土拥泥向街里；盖为娇痴正是时，直缘呆小方如此。……五五相随骑竹马，三三结伴趁猧儿。"（图1-11）

猧，即一种小狗。王涯《宫词三十首》云："白雪猧儿拂地行，惯眠红毯不曾惊。"①趁，是追逐和赶的意思。杜甫《题郑县亭子》云："巢边野雀群欺燕，花底山蜂远趁人。"②

初唐时，猧子就已被当成宠物。据段成式《酉阳杂俎》卷一记载，杨贵妃有一猧子，有一次玄宗与亲王下棋，玄宗将输，于是"贵妃放康国猧子于坐侧，猧子乃上局，局子乱，上大悦"③。新疆阿斯塔那古墓出土的绢画中绘有一左手抱猧子的高昌儿童形

图1-11　P.2418《父母恩重经讲经文》（局部）

图1-12　阿斯塔那古墓出土的绢画　抱猧子的高昌儿童

象（图1-12）。可见唐代以来，大人小孩玩猊子是一种时尚。敦煌与高昌、康国常有交流，人员彼此往来，猊子的传入乃情理之中的事。

虽然敦煌壁画中尚未发现捉蝴蝶、趁猊子的画面，但藏经洞出土文献的记载说明当时敦煌民间确有"捉蝴蝶，趁猊子"的儿童游戏。

积土为庙，聚沙成塔

大概源于生存的本能需要，儿童多对建筑类的堆积活动很感兴趣。如现代的积木玩具，孩子们最初堆积的大多是房屋。

在敦煌壁画中，堆积建筑类的儿童游戏与佛教信仰有关，即《法华经变》的"聚沙成塔"。据《妙法莲华经·方便品》云："诸佛灭度后，若人善软心，如是诸众生，皆已成佛道，诸佛灭度已，供养舍利者，起万亿种塔，金银及玻璃，砗磲与玛瑙，玫瑰琉璃珠，清净广严饰，庄校于诸塔，或有起石庙，栴檀及沈水，木樒并余材，砖瓦泥土等，若于旷野中，积土成佛庙，乃至童子戏，聚沙为佛塔，如是诸人等，皆已成佛道。"[①]

盛唐第23窟北壁的《法华经变》中，画工便依据"方便品"描绘了儿童"聚沙成塔"的画面。画面中绘有四个胖娃娃正聚精会神地玩沙，虽已堆了一个比他们身体还高的沙塔，可还在兴致勃勃地往上堆沙。其中有两童子坐于地上，双手尽量伸长往塔上堆沙；一童子两腿叉开，双手用劲往上堆沙；还有一围绿色"围嘴"的童子一腿站立，另一腿跷起，以使自己更高一些，双手同时往沙塔上堆沙。画家把四童子堆沙的专注情境刻画得细致入微，生动形象（图1-13）。画面右上角有一榜题："造□造像香供养音乐供养或称名或礼拜如是人等皆成佛道。"可见这幅画确实与佛教

① 宣化上人讲述：《妙法莲华经浅释》，上海佛学书局，1990年，第317页。

图1-13 盛唐第23窟北壁 法华经变方便品·聚沙成塔

信仰有关。正如佛经所云："彩画作佛像，百福庄严相，自作若使人，皆已成佛道，乃至童子戏，若草木及笔，或以指爪甲，而画作佛像，如是诸人等，渐渐积功德，具足大悲心，皆已成佛道，但化诸菩萨，度脱无量众。"[1]孩子们把沙堆成塔状，即为一种功德，并因此而升天成佛。但在壁画中，画家努力表现的是孩子们的天真烂漫、活泼调皮，游戏场面富有童趣。

另外，《摩登伽经》中也谈到堆积沙土建筑城舍的儿童游戏："譬如小儿于路游戏，收聚沙土，以为城舍。"[2]

"聚沙成塔"的佛教儿童游戏影响深远。如"堆宝塔是流行于长江中下游地区的儿童游戏。中秋之夜，众儿童便将拣来的砖瓦石块等集中在一起，然后用它们为原料，自己动手堆砌成塔状物……也有童心未泯的成年人参加这一游戏……帮着堆成'宝塔'，……有的还在'塔'前放一小桌，上供月饼水果等节日食品，以敬塔神"[3]。流行于我国北方地区的"拍燕窝"和沿海一带的"滴假山"游戏，从形式上看似乎也源于佛教的"聚沙成塔"[4]。

嬉戏任儿童

嬉戏，是指孩童欢快地玩耍。嬉戏是儿童的本性，也是最简

① 宣化上人讲述：《妙法莲华经浅释》，上海佛学书局，1990年，第321页。

②《大藏经》第21册，第402页。

③ 郭泮溪：《中国民间游戏与竞技》，上海三联书店，1996年，第43页。

④ 郭泮溪：《中国民间游戏与竞技》，上海三联书店，1996年，第43页。

单、最常见的儿童游戏，是孩子们寻找快乐的重要途径之一。

无拘无束地玩耍，是嬉戏的特点。如《史记·律书第三》云："文帝时，……百姓遂安。自年六七十翁亦未尝至市井，游敖嬉戏如小儿状。"[1]又，《魏书·郑羲传》云："石既克城，意益骄怠，置酒嬉戏，无警防之虞。"[2]又，白居易《官舍》诗云："稚女弄庭果，嬉戏牵人裾。"[3]《闲坐》诗云："婆娑放鸡犬，嬉戏任儿童。"[4]

嬉戏的活动方式多种多样，自由随意。如初唐第329窟西龛两侧的化生童子，在缠枝莲花中作攀登嬉戏之状，有的手托莲花，有的手扶莲朵，腹有兜肚，脚穿柔靴。他们或上望下盼、相互之间传递花朵，或站在枝端悠闲得意地往下看，或在下面罔若所闻置之不理（图1-14、1-15）。整个画面充满童趣，真实反映了孩子们的天真活泼。

又如初唐第220窟南壁《阿弥陀经变》的七宝池中，许多化生童子坐在莲花中，或合掌而跪、虔心礼佛，或作跏趺坐净心冥想，但更多的是作顽皮嬉戏状：或东张西望，或举双手欢呼，或头朝下腿朝上作倒立之势，或作叠罗汉状。这一组图画，给极乐世界平添了许多人间的乐趣。

盛唐第79窟窟顶千佛图像的旁侧，绘有两身胖乎乎的裸体童子，脚穿靴

①《史记》，中华书局，1959年，第1243页。
②《魏书》，中华书局，1974年，第1237页。
③《全唐诗》第431卷第29首。
④《全唐诗》第460卷第10首。

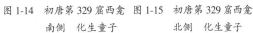

图1-14　初唐第329窟西龛南侧　化生童子　图1-15　初唐第329窟西龛北侧　化生童子

子，手持莲花，跳跃嬉戏，形象稚气天真（图 1-16）。

盛唐第 148 窟东壁门北的《药师经变》中，亦画有十余身童子嬉水。童子在七宝池中，或自己随意游玩，或与鸭相戏，或伏莲叶上随其漂浮，或半立水中作搓澡状，或坐莲叶舟中，或在水中推舟。其中，有两个孩童坐在莲叶舟中，水中一孩童正竭力往上攀爬，舟上一孩童则试图把他拉上来（图 1-17、1-18）。画面内容丰富生动。

在晚唐第 196 窟南壁《阿弥陀经变》中，亦绘数身童子嬉水：一童子骑栏杆上，怡然自得；水中一童子手扶栏杆，引身欲上；还有一童子坐栏杆上，伸手拉水中童子，画面生动有趣。

图 1-16　盛唐第 79 窟窟顶　童子嬉戏

图 1-17　盛唐第 148 窟　药师经变·嬉水童子（左）

图 1-18　盛唐第 148 窟　药师经变·嬉水童子（右）

图 1-19　榆林窟中唐第 25 窟南壁　观无量寿佛经变·戏鹅

　　盛唐第 47 窟西壁佛龛上，绘有盛开的莲花，十余身裸体儿童嬉戏其间。虽然画面色彩已脱落，但儿童们互相打闹嬉戏的场面仍依稀可见。

　　榆林窟中唐第 25 窟南壁《观无量寿佛经变》中，亦描绘一群化生童子:或玩水，或追逐，或戏鹅（图 1-19），或攀坐莲叶（图 1-20），把儿童嬉戏时的可爱率真天性表现得淋漓尽致。

图 1-20　榆林窟中唐第 25 窟南壁　观无量寿佛经变·童子攀坐莲叶

拨浪鼓，拨动童心

拨浪鼓是一种儿童玩具，属于鼓类，但其样式与一般的鼓略有不同。拨浪鼓鼓身两面蒙有皮革，中间竖贯有一长柄，鼓身两侧各固定有一短绳，绳端系缀小珠。当转摇竖柄时，鼓身两侧的绳珠便反复甩动击打鼓面而发出声响，颇有情趣。因此拨浪鼓常常成为母亲哄逗孩子的用具或儿童自娱自乐的玩具。

鼓是人类发明的最早的乐器之一。据考古发现，马家窑文化时期就已经有了彩陶鼓，在商代殷墟甲骨卜卦中更是多见"鼓"字。拨浪鼓，古代叫"鼗鼓"，上古时写作"鞉鼓"或"鼗牢"。拨浪鼓由来已久，早在《诗经·周颂》中即有"应田县（悬）鼓，鞉磬柷圉"的记载①。《周礼·春官》中有"掌教鼓鼗……"语②，郑玄注："鼗，如鼓而小，持其柄摇之，旁耳还自击。"③

拨浪鼓在远古部族时期就已经被制造出来。据宋代高承《事物纪原·乐舞声歌部·鼗》记载："《吕氏春秋》曰：帝喾使垂作鼗。

《通历》曰：帝喾平共工之乱，作鼗鼓。"①

　　古代兵书《握奇经》中记述了"鼗（鞉）"在远古战场对阵中所起的作用："加四角音者，全师进西；加五角音者，全师进北。鞉音不止者，行伍不整。"晋代马隆述赞《鞉鼓》："红尘战深，白刃相临；胜负未决，人怀惧心。乍奔乍背，或擒或纵，行伍交错，整在鞉音。"②从记载中可以看出，在两军白刃格杀的激战中，鞉鼓之鼓声主要起调度军队阵列变化的作用。不过，鞉鼓很小，声音不会很大，如何在战场上发挥作用，学界对此还有争议。

　　最早的拨浪鼓形象，见于酒泉丁家闸十六国墓南壁壁画，画面中的墓主人前有一个头戴黑帻的男子，一手高摇拨浪鼓，一手执一细棒指挥后侧的乐队为墓主人演奏（图1-21）。又如酒泉西沟村魏晋墓墓室西壁的一块画像砖上，前画一戴白帻、骑灰马、手持长矛的骑卒，后一人骑白花马，一手举拨浪鼓摇动，一手执鼓槌敲击置于腰腹间的扁平圆鼓，身旁题有"鼓史"二字（图1-22）。可见，这种边摇拨浪鼓边击圆鼓的骑马乐工当时被称为"鼓史"。

　　敦煌壁画所绘拨浪鼓甚多，最早出现在北周第290窟东壁，有一身飞天左手举摇拨浪鼓，所持拨浪鼓构造简单，杆上只有一面小鼓，杆顶端飘着缨穗（图1-23）。这一形状和现在我们所见到的拨浪鼓基本接近，只是现在的拨浪鼓杆顶上没有缨穗。

①（宋）高承撰，（明）李果订：《事物纪原》，《丛书集成初编》，中华书局，1985年，第78页。
②《握奇经》，上海古籍出版社，1990年，第4页。

图1-21　酒泉丁家闸十六国墓南壁　乐队指挥

图 1-22　酒泉西沟村魏晋墓西壁　鼓史　　　　　　图 1-23　北周第 290 窟东壁　飞天

　　拨浪鼓在敦煌壁画中多在乐舞场面中作为伴奏乐器出现。在演奏方式上，拨浪鼓一般与鸡娄鼓配合使用。多数为左手举摇拨浪鼓，左臂夹鸡娄鼓，右手持槌敲击，如莫高窟盛唐第 45 窟北壁《观无量寿经变》中，坐在方毯上演奏的乐伎便是左手举摇拨浪鼓，左臂夹鸡娄鼓，右手持槌敲击。图中乐伎所持拨浪鼓均有上下两枚小鼓，上端的小鼓面向外，下端的小鼓是鼓身在外，鼓面上的双耳弹丸都清晰地显露在外。此图非常清楚地展示了拨浪鼓和鸡娄鼓同时演奏的情景。又如莫高窟盛唐第 148 窟东壁北侧《药师经变》中一乐伎左手举摇拨浪鼓，左臂夹鸡娄鼓伴奏，右手持槌敲击。其中拨浪鼓有上下两枚小鼓，上端的小鼓面向外，鼓面为白色，外圈装饰有用橘黄色作底的黑点，下端的小鼓鼓身在外，二鼓一凹一凸，非常精致（图 1-24）。也有右手举拨浪鼓，右臂夹鸡娄鼓，左手持槌敲击的，如莫高窟盛唐第 172 窟南壁《观无量寿经变》中乐队左侧的一乐伎。乐伎手中的拨浪鼓亦有上下两枚小鼓，上端的小鼓鼓身向外，下端的小鼓鼓面向外。

　　也有无人演奏的拨浪鼓，如初唐第 321 窟主室北壁《阿弥陀经变》中不鼓自鸣

的拨浪鼓（图1-25）。又如盛唐第172窟
北壁，拨浪鼓形似一黑灰色的葫芦，两小
鼓间有飘带作装饰，柄为赭红色。不鼓自
鸣的拨浪鼓和鸡娄鼓同时在空中飘飞。

　　莫高窟中唐第112窟北壁西侧《报恩
经变》和南壁东侧《观无量寿经变》中，
均有乐伎左手举摇拨浪鼓，左臂夹鸡娄鼓
伴奏，用右手击鼓发音。北壁西侧《报恩
经变》中的乐伎左手握一由两小鼓组成的
拨浪鼓，上一小鼓鼓身向外，且装饰有黑
色花纹，下一小鼓鼓面向外，鼓面呈赭红
色，两个小鼓上皆有双耳弹丸，柄为黑
色，两小鼓呈垂直状，看上去非常精致。
与南壁东侧《观无量寿经变》不同的是，
《报恩经变》中的乐伎右手似握鼓槌，而
《观无量寿经变》中的乐伎右手却五指张
开作拍击状（图1-26）。

　　拨浪鼓也出现在出行图中，如莫高窟
晚唐第156窟北壁《宋国夫人出行图》中
的乐队中就有持拨浪鼓的。在五代第100
窟北壁《回鹘公主出行图》中的马上乐队
中也有持拨浪鼓的。由此说明拨浪鼓在当
时不但流行于宫廷乐舞，也流行于贵族官
员出行时的乐队中（经变画中的乐舞图实
际上反映的是一种宫廷生活），是一种必

图1-24　盛唐第148窟东壁北侧　乐伎

图1-25　初唐第321窟北壁　阿弥陀经变·拨浪鼓

图 1-26 中唐第 112 窟南壁东侧 乐伎

不可少的伴奏乐器。

拨浪鼓也较多地出现在飞天行列中，如前述莫高窟北周第 290 窟东壁有一身左手举摇拨浪鼓的飞天。又如榆林窟宋代第 15 窟窟顶南披的一身飞天乐伎，高髻宝冠，面丰身长，高鼻细眼，双手持一个拨浪鼓，柄上有一大一小两面小鼓并列。画师用线描的手法把拨浪鼓画得十分夸张，鼓身造型似腰鼓，上饰有云纹（图 1-27）。又如莫高窟西夏第 353 窟窟顶北披的一身具有党项民族相貌的飞天乐伎，面丰圆，宽额大腮，长眉细眼。在波状卷云纹衬托下，飞天乐伎在空中

图 1-27 榆林窟宋代第 15 窟窟顶南披 飞天

飘飞，右手持由大小相等的两面鼓组成的拨浪鼓，鼓身为肉色，均绘有图案，鼓面为黑色，大概是变色所致。

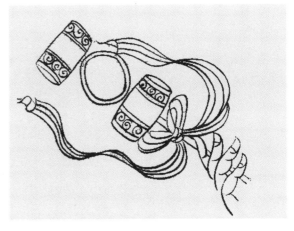

图 1-28　榆林窟西夏第 3 窟　千手千眼观音变·持鼗鼓手

拨浪鼓除了只用一手持摇外，也有双手各持摇一个拨浪鼓的。如榆林窟西夏第 3 窟南壁《西方净土变》中，舞伎右侧前方的一位乐伎便双手各持摇一个拨浪鼓。拨浪鼓均由三小鼓组成，上下两鼓鼓身向外，中间的小鼓鼓面向外，鼓上的弹丸清晰可见。

在南宋苏汉臣所作《五瑞图》中，童子手中的拨浪鼓应是以玩具的形式出现的。五童子或戴面具，或涂面，聚集行大傩舞，其中一人双手各持一个拨浪鼓，右手持鼓举至额头左指，左手持鼓自胸前右指。两只拨浪鼓形制相同，均由两面鼓组成。上面的小鼓扁而圆，下面的鼓长而类似腰鼓。鼓面彩绘花纹，长鼓的鼓身镶有小花，非常精致美观。

另外，在榆林窟西夏第 3 窟《千手千眼观音变》中观音的一只手中也持有一只拨浪鼓。拨浪鼓由三个小鼓组成，上下两小鼓均为鼓身向外，中间小鼓鼓面向外，鼓的造型长似腰鼓，鼓身绘有花纹，鼓柄上装饰有飘带。这些装饰，增加了拨浪鼓的美感，并在视觉效果上强化了其娱乐特征（图 1-28）。《千手千眼观音变》是最能反映人们生活需要的壁画，由此可见拨浪鼓在当时社会生活中的重要性。

在南宋李嵩的《货郎图》中可以看到两种类型的拨浪鼓。一种鼓形如罐，鼓柄做成葫芦把，双耳类似皮条，持柄摇之，皮条抽打鼓面发声。还有一种"四层拨浪鼓"，由四个由小渐大的小鼓叠摞而成，各鼓相间转向 90 度。四鼓皆有双耳弹丸，鼓柄呈葫芦状。一般而言，鼓面越大，发音越低沉，反之发音越高亢。这里四面小鼓大小不同，摇动时便会发出高低错落的音响。

三国东吴僧人康僧会编译的《六度集经》中也记有民间儿童持拨浪鼓玩耍的情景："侧有一儿，播鼗踊戏，商人复笑之……播鼗儿者本是牛。牛死，灵魂还为主作子，家以牛皮用贯此鼗。儿今播弄踊跃戏舞，不识此皮是其故体，故笑之耳。"①唐代僧人慧琳编撰的《一切经音义》对这则小故事里的"鼗"释义为："徒高反。鼗如鼓而小，持其柄摇之者也，旁还自击。"②

在新疆克孜尔第8窟主室券顶西侧菱格因缘故事画中，绘有一小儿播鼗踊戏的生动画面。图中佛右侧跪一裸体小儿，小儿左手举摇拨浪鼓，腋夹鸡娄鼓，右手作击鼓状；佛右手指向小儿，似在解说过去的因缘（图1-29）。在克孜尔第186窟主室正壁因缘故事画中，佛左侧立一小儿，小儿左手上举拨浪鼓，右手击打左腋下的鸡娄鼓。

克孜尔壁画中的两幅小儿播鼗踊戏图，很有可能描绘的是《六度集经》中所记载的"侧有一儿，播鼗踊戏"的故事，小儿手中的拨浪鼓便是他们的玩具。

现在，拨浪鼓主要是儿童玩具，但在历史上更多的是在乐舞活动中使用，也曾在战场上用于调度军队阵列变化。然而，不论是作为乐器还是玩具，在演变过程中，拨浪鼓的形制并没有发生什么变化。历代绘画、壁画中的拨浪鼓，与今天拨浪鼓的形制基

图1-29　克孜尔第8窟主室券顶西侧　小儿播鼗踊戏

|028|

本相同。拨浪鼓之所以能广泛流传，主要是它的音响效果与娱乐效果共同发挥了作用。拨浪鼓可以奏出富于变化的响动，能吸引听者的注意力；其造型特点又增强了观赏性，所以深受儿童喜爱。

悬丝傀儡戏当场

木偶，古代又称"傀儡""魁儡子""窟儡子"，在我国有着悠久的历史。木偶可分为布袋木偶和提线木偶两大类，用它来表演的戏剧叫木偶戏。

最早的木偶实物见于西汉时期。1979 年山东省莱西县西汉墓出土了一具悬丝木偶，全身各部关节皆可活动，能坐、立、跪，腹部和腿部都有穿线用的小孔[①]。这具木偶让我们看到了汉代可灵活地由人操纵的木偶。

最早记载有木偶的文献是魏晋人依据有关史料编撰的《列子·汤问》："周穆王西巡狩，越昆仑，不至弇山。反还，未及中国，道有献工人名偃师，穆王荐之，问曰：'若有何能？'偃师曰：'臣唯命所试。然臣已有所造，愿王先观之。'穆王曰：'日以俱来，吾与若俱观之。'越日偃师谒见王。王荐之，曰：'若与偕来者何人邪？'对曰：'臣之所造能倡者。'穆王惊视之，趣步俯仰，信人也。巧夫鎮其颐，则歌合律；捧其手，则舞应节。千变万化，惟意所适。王以为实人也，与盛姬内御并观之。技将终，倡者瞬其目而招王之左右侍妾。王大怒，立欲诛偃师。偃师大慑，立剖散倡者以示王，皆傅会革、木、胶、漆、白、黑、丹、青之所为。王谛料之，内则肝、胆、心、肺、脾、肾、肠、胃，外则筋骨、支节、皮毛、齿发，皆假物也，而无不毕具者。合会复如初见。

① 烟台地区文物管组：《山东莱西县岱墅西汉木椁墓》，《文物》1980 年第12 期。

①杨伯峻：《列子集释》，中华书局，1979年，第179～181页。
②（唐）段安节：《乐府杂录》，《丛书集成初编》，中华书局，1985年，第40页。
③（唐）杜佑：《通典》卷146，中华书局，1984年，第764页。

王试废其心，则口不能言；废其肝，则目不能视；废其肾，则足不能步。穆王始悦而叹曰：'人之巧乃可与造化者同功乎？'诏贰车载之以归。"①该倡者不仅能歌善舞，而且其心、肝、肾等脏器与人的功能类似，足见当时木偶制作技艺之精湛。

有关木偶人的概念，据《乐府杂录·傀儡子》载："自昔传云：起于汉祖在平城，为冒顿所围。其城一面，即冒顿妻阏氏，兵强于三面。垒中绝食，陈平访知阏氏妒忌，即造木偶人，运机关，舞于陴间。阏氏望见，谓是生人，虑下其城，冒顿必纳妓女，遂退军。"②说的是汉高祖刘邦在平城被匈奴冒顿包围，用陈平计，刻木为美人，在城墙上舞动，以引起冒顿妻阏氏妒忌而撤兵。这以后木偶人又被称为"傀儡"。

有关"木偶戏"的说法，可见《通典》记载："窟儡子，亦曰魁儡子，作偶人以戏，善歌舞，本丧家乐也，汉末始用之于嘉会。"③这里的"窟儡子"就是木偶。这段记载说明木偶戏源起于丧葬活动的需要，到了汉末，也开始用于嘉会。

唐代时木偶戏日渐流行。如新疆吐鲁番阿斯塔那第206号张雄夫妇墓出土的唐代男、女绢衣木偶（图1-30、1-31）。据金维诺、李遇春考证："绢衣木偶，男的'滑稽戏调'，女的'秾华窈窕'，无肃穆忧戚之情，有嘲弄欢欣之态，不似一般殉葬明器，却与唐代有关傀儡的记载，无论在装饰、制作还是仪态、表情等方面，都可以相互印证。""男绢衣木偶共出土七个，完整的两个。头戴乌纱帽，身着黄绢单衣、白裤，系黑带，穿乌皮靴。或歪嘴斜目，或翘唇瞪眼，具有明显的嘲弄表情。虽然面貌奇丑，但是似弄愚痴而引人发笑。""十七个绢衣彩绘女俑，不是一般的舞俑。这些女俑不但具有不同的装饰打扮、不同的俯仰转侧情态，而且还有

图 1-30　新疆阿斯塔那第 206 号墓出土　男绢衣木偶　　　　图 1-31　新疆阿斯塔那第 206 号
墓出土　女绢衣木偶

女扮男装的。一个眉贴翠钿、面施圆靥的女性面孔，却戴着乌纱帽。帽前正中雕绘山形，山两侧云朵飞绕。另一个同样眉目清秀、'樱桃小口'的少女，也头戴介帻作男装，而脑后发髻隆起，露出女相。这类木偶不直接雕绘成男角，而要刻画成女扮男装，正是当时演出就有由女优扮演男角的缘故。"[1]这说明当时木偶戏已深入到当时人们的生活中，就连死者都要把具有很强娱乐性和表演性的木偶带到墓室里为他们服务。

　　再如莫高窟盛唐第 31 窟，窟顶东披《法华经·序品》灵鹫会左侧下部就绘有一幅"玩木偶图"，属于敦煌壁画中独一无二的珍品。此图依据经文《随喜功德品》所绘，大意是：一个施主把一

[1] 金维诺、李遇春：《张雄夫妇墓俑与初唐傀儡戏》，《文物》1976 年第 12 期。

图 1-32　盛唐第 31 窟窟顶东披　玩木偶图

切娱乐器具施给众生，其所得福报还不如辗转听闻一句《法华经》的千百亿万分之一。有趣的是画师没有表现福报极大的闻经情节，而是选择了福报很小的布施玩具的情节。画中一个妇女用指掌正在兴致勃勃地给身边的小孩子表演木偶戏，她右掌托着木偶，右臂前伸，逗弄女儿。她面前的女儿梳双丫髻，张开双臂作索取状，憨态可掬（图 1-32）。该木偶外面明显套有衣服，正如唐代罗隐《木偶人》一文中谈到傀儡的制作："以雕木为戏，丹腹之，衣服之。虽狞□勇态，皆不易其身也。"①此画不仅表现了大人与孩子互动的场面，也反映出木偶受欢迎的程度。它是一件珍贵的戏剧史料，具有很高的历史价值，同时反映了木偶戏在当时的敦煌地区非常流行。

在敦煌藏经洞出土的文献中也有不少关于木偶戏的记载。如敦煌文献 P.3833《王梵志诗集》中云："造化成为我，如人弄郭郎。魂魄似绳子，形骸若柳木。掣取细腰枝，抽牵动眉目。绳子作断去，即是乾柳模。"据《颜氏家训》记载："或问：'俗名傀儡子为郭秃，有故实乎？'答曰：'风俗通云：诸郭皆讳秃。'当是前代人有姓郭而病秃者，滑稽戏调，故后人为其象，呼为郭秃，犹文康象庚亮耳。"②又据《乐府杂录·傀儡子》云："史家但云：陈平以秘计免盖鄏其策下，尔后乐家翻为戏，其引歌舞，有郭郎者发

①（清）董诰等编：《全唐文（四）》卷896，上海古籍出版社，1990年，第4148页。
②（北齐）颜之推撰，王利器集解：《颜氏家训集解》，上海古籍出版社，1980年，第453、454页。

正秃，善优笑闾里呼为郭郎，凡戏场必在俳儿之首也。"[1]郭郎即郭秃，由于他本人很具有戏剧搞笑的特征，又是古代傀儡戏中的故事人物，故将郭秃作傀儡的代称。由此可见，唐代木偶不但成为表演完整故事以供人们欣赏的艺术形式，而且已发展到"闾市盛行焉"的地步[2]。

又如敦煌变文《维摩诘经讲经文》云："也似机关傀儡，皆因绳索抽牵，或舞或歌，或行或走，曲罢事毕，抛向一边。直绕万劫驱遣，不肯行得时，转动皆是之缘，共助便被幻惑人情。若夜断却诸缘，甚处有傀儡各□。所以玄宗皇帝……乃裁诗自喻甚遂：'克（刻）木牵线作老翁，鸡皮鹤发与真同，须臾曲罢还无事，也似人生一世中。'"[3]形象地描绘了当时悬丝木偶的模样。

敦煌文献ДX.02822号西夏文书《杂集时要用字》"音乐部第九"，录文为"龙笛　凤管　蓁筝　琵琶　弦管　声律　双韵　嵇琴　荜篥　云箫　箜篌　七星　影戏　杂剧　傀儡　舞绾　柘枝　官商　丈鼓　水盏　相扑　曲破　把色　笙簧　散唱　遏云　合格　角徵　欣悦　和众　雅奏　八佾　拍板　三弦　六弦　勒波　笛子"[4]。这里将"影戏""杂剧""傀儡""舞绾"等并列在一个类别中，说明这时的傀儡活动仍然具有很强的表演性和娱乐性。

到了宋代，木偶戏更为发达，除宫中伎乐外，民间木偶戏活动也十分兴盛。如1976年在河南济源县发现了两件宋代的三彩枕，其中一件枕面中部是"儿童游乐图"，绘有三个在池边柳荫下玩耍的儿童。其中有一个头挽双丫髻着绿色白裤小孩坐在绣墩上，右手执着一个提线木偶做戏（图1-33），另两个小孩一个敲锣、一个吹笛进行伴奏。虽然描绘的是小孩游戏，但可以看出宋代悬丝傀儡的

① （唐）段安节：《乐府杂录》，《丛书集成初编》，中华书局，1985年，第40页。

② （唐）杜佑：《通典》卷146，中华书局，1984年，第764页。

③ 王重民等编：《敦煌变文集（下集）》，人民文学出版社，1957年，第581、582页。

④ 俄罗斯科学院东方研究所编：《俄藏敦煌文献（第10册）》，上海古籍出版社，1998年，第62页。

图 1-33　河南济源县宋代三彩枕　玩木偶图　　图 1-34　河南济源县宋代三彩枕　玩
　　　　　　　　　　　　　　　　　　　　　　　　　　　　　　　　木偶图

结构和操作手法与现代的提线木偶是完全相同的。在济源发现的另一件三彩枕的枕面上也绘有一幅"玩木偶图"。在枕面左下角的圆形画面中绘有一个坐在地上的小儿，着绿裙红色兜肚，白胖可爱，右手抬举耍弄一个黄衣的傀儡（图 1-34）。傀儡头下连接衣套，双臂旁伸，小孩用手操纵傀儡①。

　　元代木偶戏仍然盛行。例如姬冀《鹧鸪天》小令云："造物儿童作剧狂，悬丝傀儡戏当场。般神弄鬼翻腾用，走骨行尸昼夜忙。"②

　　从以上的图像资料和文献记载来看，木偶戏最初可能源于丧葬活动的需要，到了汉末时丧葬、嘉会并用，具有一定的礼制性。后来随着发展，木偶逐渐进入人们的休闲娱乐和儿童游戏活动中，具有很强的表演性和娱乐性。其制作方法也显示了当时人们高超的技艺和创造能力。

头戴面具跳踏舞

　　假面舞也可以谓作假面戏，即戴着面具的一种舞蹈表演形式，娱乐性和互动性很强。其起源甚早，据《述异记》记载："秦汉间

① 文史知识编辑部编：《古代礼制风俗漫谈（二）》，中华书局，1986 年，第 312、313 页。
② 唐圭璋编：《全金元词（下册）》，中华书局，1979 年，第 1214 页。

说蚩尤氏耳有鬓如剑戟，头有角，与轩辕斗，以角抵人，人不能向。今冀州有乐，名蚩尤戏，其民三三两两，头戴牛角而相抵，汉造角抵戏，盖其遗制也。"①蚩尤戏中"其民三三两两"头戴的牛角，便是一种面具。

人们戴面具是试图借助所乔扮人物或动物的某种特殊力量。传说黄帝轩辕氏的孙子颛顼氏有三子，死而为疫鬼：一居江水，为疟鬼；一居若水，为魍魉鬼；一居人宫室，善惊人小儿，为小鬼。于是"方相氏，掌蒙熊皮，黄金四目，玄衣朱裳，执戈扬盾，帅百隶而时傩，以索室驱疫"②。方相氏是周礼规定的负责驱赶疫鬼的官员。方相氏披上熊皮，手执兵器边呐喊边跳舞，并带领装扮成各种凶兽的众人吓走疫鬼魍魉，这就是古代的"驱傩"。

唐宋时期敦煌以及西域地区流行一种叫"苏莫遮"的舞蹈，是一种戴着面具表演的踏舞，与驱傩相似。苏莫遮，又称苏幕遮、悉磨遮。《一切经音义》卷四十一云："苏莫遮，西戎胡语也。正云飒磨遮。此戏本出西龟兹国，至今由有此曲，此国浑脱、大面、拨头之类也。或作兽面，或象鬼神，假作种种面具形状。或以泥水沾洒行人，或持羂索，搭钩捉人为戏。每年七月初公行此戏，七日乃停。土俗相传云常以此法攘厌驱趁罗刹恶鬼食啖人民之灾也。"③般若译《大乘理趣六波罗蜜多经》卷一云："又如苏莫遮帽，覆人面首，令诸有情，见即戏弄。老苏莫遮，亦复如是。从一城邑至一城邑，一切众生，被衰老帽，见皆戏弄。"④

《酉阳杂俎》卷四亦载："龟兹国……婆（娑）罗遮，并服狗头猴面，男女无昼夜歌舞，八月十五日行像及透索为戏。"⑤"娑罗遮"即苏莫遮。

《宋史·高昌传》卷四百九十中亦云西域高昌："俗好骑射。

① 转引自刘梦溪主编：《中华文化通志·艺文典》，廖奔撰《戏曲志》，上海人民出版社，1998年，第18页。
② 《周礼·夏官》，吴树平等点校《十三经全文标点本（下）》，北京燕山出版社，1991年，第466页。
③ 《大正藏》第54册，第576页。
④ 《大正藏》第8册，第867页。
⑤ （唐）段成式：《酉阳杂俎》，《丛书集成初编》，中华书局，1985年，第37页。

①《宋史》，中华书局，1985年，第14111、14112页。

妇人戴油帽，谓之苏幕遮。用开元七年历，以三月九日为寒食，余二社、冬至亦然。以银或鍮石为筒，贮水激以相射，或以水交泼为戏，谓之压阳气去病。"① "苏幕遮"本为西域化装面具的音译，在当时高昌专指妇人所戴油帽。而泼水乞寒压阳气去病的习俗，后也发展成为一种民间集会时的娱乐活动。

从敦煌藏经洞出土的文献中，可以看出唐宋时期的敦煌地区也流行这种佩戴野兽神怪面具驱鬼禳灾的苏莫遮活动。如 S.2055《除夕钟馗驱傩文》唱道："亲主岁领十万，熊罴爪硬，钢头银额，魂（浑）身总着豹皮，尽使朱砂染赤，感称我是钟馗，捉取浮游浪鬼。"又，P.3468《进夜胡词》第三首（图 1-35）唱道："圣人福禄重，万古难传匹，剪孽贼不残，驱傩鬼无失。东方有一鬼，不许春时出；西方有一鬼，便使秋天卒；南方有一鬼，两眼赤如日；北方有一鬼，浑身黑如漆。四门皆有鬼，擒之不遗一。"又，P.3552《儿郎伟》（图 1-36）唱道："弓刀左右趁，把火纵横烛，从头使厥傩，个个交屈律。岁岁夜胡儿，不许□妖出。"

敦煌的驱傩活动除了有驱鬼禳灾的内容，同时也附有送故迎新以及庆丰收、感恩等内容。如 P.3270《儿郎伟》中唱道："驱傩岁暮，送故迎新。若说旧年灾难，……与

图 1-35　P.3468《进夜胡词》（局部）

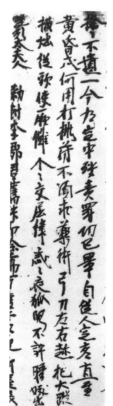

图 1-36　P.3552《儿郎伟》（局部）

（以）镇旧岁恶鬼，……已后更不闻病疾，……瑞说（雪）应时长下，湿润境内畴田。小种多收万陪（倍），家家广亭麦圖。齐声皆昌（唱）快活，万户谣（徭）役不扁（偏）。……尚书天降之子，如今正是小年。初春天使便到，加官且拜貂蝉。油幢双旌前引，天子委托西边。"因此，人们在这些活动中自然地增加了更多娱乐和游戏的成分。

苏莫遮也出现在佛教活动中。每年二月八日，即佛出家成道日，敦煌地区都会举行盛大的庆典。庆典中有一项活动是行像，也称行城、旋城，即人们抬着佛像在城中游行，让万民观仰，场面非常壮观。在 P.3566、P.2631 等卷的《二月八日逾城文》（图 1-37）中对当时的行像队伍有如下记载："今则伴（仲）春如月，律中夹钟，暗魂上于一弦，蕡芳生于八叶，后身逾城之月，前佛拔俗之晨。左豁星空（宫），为（右）辟月殿，金容赫奕，犹聚日之影宝山；白毫光晖，为（若）满月之临沧海。乌弋前引，睚眦而张拳；狻猊后行，奋迅而矫尾。云舒五彩，雨四花于 [四] 衢；乐奏八音，歌九功于八胤。"行像队伍幡花招展，金刚力士在最前，中心为高大的佛像群，后面接有舞动的狮子、音乐歌舞的队伍，及持香花行城的道俗之众。乐舞有鼓钹铃梵、法曲赞呗和苏莫遮表演。

如 S.1053《己巳年（909 年）

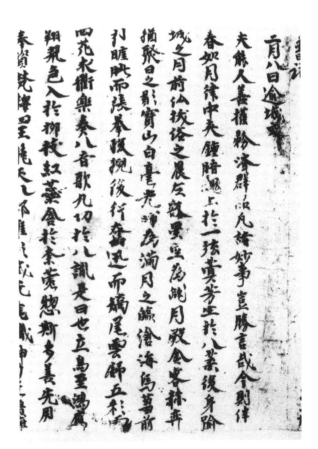

图 1-37　P.3566《二月八日逾城文》（局部）

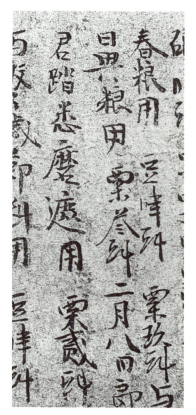

图1-38 S.1053《己巳年某寺诸色入破历算会残卷》

图1-39 西魏第249窟南壁 大头仙人

某寺诸色入破历算会残卷》中记载："粟叁斗，二月八日郎君踏悉磨遮用。"（图1-38）参加此活动的少年男儿能得到粟叁斗（或曰以粟换酒给踏舞者饮用）。又，P.4640《己未至辛酉年（899～901年）归义军衙府布纸破历》中记载："二月七日支与悉磨遮粗纸叁拾张。"粟用来换酒，犒劳踏舞者；纸用来制作表演悉磨遮用的假面具。又，P.3272《丙寅年（966年）牧羊人兀宁状并判凭》载："定兴郎君踏舞来白羊羯壹口。"说的是966年正月，定兴这一户的男儿少年参加了踏舞，领得白色羯羊一只。可见当时的苏莫遮是由官府倡导、民间供给的舞乐活动。

行像游行活动热闹非凡，尤其是其中的假面舞更是引观赏者注目，表演者和观赏者之间也有很强的互动性，类似现在的社火表演，具有很强的娱乐性。

莫高窟西魏第249窟南壁天宫伎乐中有一大头人像，高鼻大眼，头顶椎发，耳垂大环，部分学者认为这可能就是苏莫遮活动时戴的舞蹈面具，也有学者认为这绘的可能是大头仙人（图1-39）。

新疆库车苏巴什佛寺遗址出土的一件公元7世纪的彩绘舍利盒，周围绘一组由二十一人组成的傩祭队伍。队伍中有一人头戴竖耳兔首，身着彩衣甲胄，左手持棍舞旄作引导状；另有数人或毛茸猴面，或钩鼻鹰头，或头戴兜形尖帽等各种

图 1-40　新疆库车苏巴什佛寺遗址出土　彩绘舍利盒

魌头假面，拖着长长的动物尾饰，牵手进行各种表演；还有为傩戏伴奏的乐队，共八人，其中有舞槌击鼓者、弹竖箜篌者、奏凤首箜篌者、吹排箫者、击羯鼓和鸡娄鼓者以及吹铜角者；此外还有扛鼓击节的五个孩童，栩栩如生地再现了当时苏莫遮祭祀的场景（图 1-40）。

踏青登高共滑沙

　　踏青、登高、滑沙等活动都是人与景之间交流互动的一类游戏，非常有益于人们的身心健康。

　　踏青，又称春游、郊游、探春等。我国的踏青习俗由来已久，据《后汉书·礼仪志》记载："（三月）是月上巳，官民皆洁于东流水上，曰洗濯祓除、去宿垢疢为大洁。洁者，言阳气布畅，万物讫出，始洁之矣。"[1]三月的上巳日，女巫会在河边举行祭神驱鬼

①《后汉书》，中华书局，1965 年，第 3111 页。

仪式，人们会在河里沐浴，洗垢去疾。久而久之，这种祭神活动逐渐演变成了人们外出郊游踏赏春色的习俗。

《晋书》卷五十一中束皙对晋武帝云："昔周公成洛邑，因流水以泛酒，故逸诗云'羽觞随波'。又秦昭王以三日置酒河曲，见金人奉水心之剑，曰：'令君制有西夏。'乃霸诸侯，因此立为曲水。二汉相缘，皆为盛集。"[1]束皙的这番话，为三月三日成为君臣曲水泛觞、骚人墨客赋诗聚会之日奠定了基础。永和九年（353年）三月三日，王羲之和谢安、孙绰等四十一人在兰亭集会，这次文人邀约出外郊游的宴饮踏青活动成为千古美谈，影响深远。如陈子昂《三月三日宴王明府山亭》云："暮春嘉月，上巳芳辰。群公禊饮，于洛之滨。奕奕车骑，粲粲都人。连帷竞野，袨服缛津。青郊树密，翠渚萍新。"[2]

敦煌上巳之俗可追溯到东晋末期。据《晋书》卷八十七记载，曾统辖敦煌的西凉王李暠"上巳日宴于曲水，命群僚赋诗，而亲为之序"[3]。在李暠的倡导下，敦煌祓禊之风颇为盛行。如S.2832记载："三月三日，暮春上巳，禊事良辰。三月重三，水神捧水心之日。"

唐宋时期，敦煌也继承临水设祭和相聚宴饮等古俗。如P.4640v《归义军衙府纸破历》记载，庚申年（900年）三月三日"三（东）水池并百尺下、分流泉等三处赛神，用钱财粗纸壹帖。"S.3728《归义军柴场司账目》记载，乙卯年（955年）三月"三日东水池赛神，熟肉柽玖束"。又，S.0361、P.2619v、P.3637等卷《屈宴书》记载："三月三日，不审何处追赏，欲泛觞曲水，同往南亭，速驾。幸甚！幸甚！"寺院在三月三日亦设宴欢庆，P.4909《寺院破历》记载，壬午年（982年）三月"三日造饼面壹斗，胡饼面贰

①《晋书》,中华书局,1985年,第1433页。
②《全唐诗》第84卷第56首。
③《晋书》,中华书局,1985年,第2264页。

斗，煮油面贰斗伍升，蒸饼面贰斗，糕面伍升，油伍升"。

　　这时候，郊游踏青与上坟扫墓祭奠先人的仪式也结合起来了。如 S.5636《大寒食相迎屈上坟书》（图 1-41）中所云："景色新花，春阳满路。节名寒食，冷饭三晨。为古人之绝烟，除盛夏之温障。空携渌酒，野外散烦。□届同飨先灵，已假寂寞，不宣谨状。《答书》：喜逢嘉节，得遇芳春。路听莺啼，花开似锦。林间百鸟，啭弄新声。渌水游鱼，跃鳞腾鼋。千般景媚，万种芳菲。蕊绽红娇，百花竞发。欲拟游赏，独步恓之。忽奉来书，喜当难述，更不推延。寻当面睹，不宣谨状。"

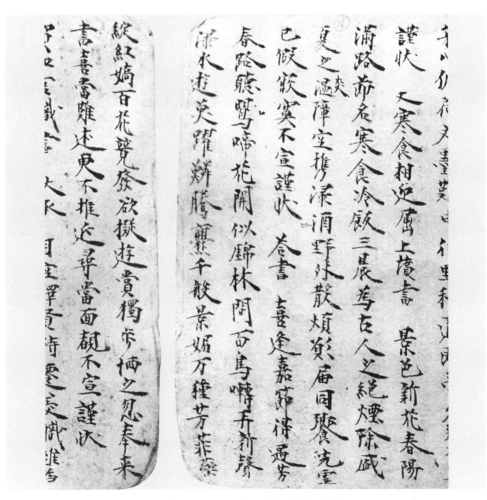

图 1-41　S.5636《大寒食相迎屈上坟书》

图 1-42　盛唐第 130 窟甬道南壁　都督夫人太原王氏礼佛（临本，段文杰临）

　　寒食、清明时郊游是古代初春时节踏青的遗风，既可观赏媚景、野外散烦，亦可罗列杯盘、相互酬唱，又可清明扫墓、同飨先灵。

　　唐代时，女子春游踏青蔚然成风。孟浩然《大堤行》云："大堤行乐处，车马相驰突。岁岁春草生，踏青二三月。王孙挟珠弹，游女矜罗袜。"[1]刘禹锡《竹枝词九首》云："两岸山花似雪开，家家春酒满银杯。昭君坊中多女伴，永安宫外踏青来。"[2]吴融《上巳日花下闲看》云："十里香尘扑马飞，碧莲峰下踏青时。云鬟照

①《全唐诗》第21卷第63首。
②《全唐诗》第365卷第11首。

水和花重，罗袖抬风惹絮迟。"①杜甫《丽人行》云："三月三日
天气新，长安水边多丽人。"②敦煌壁画中虽然没有以踏青郊游为
主题的内容，但也有一些间接反映当时女子踏青郊游场景的画面。
如盛唐第130窟甬道南壁《都督夫人太原王氏礼佛图》，是一幅以
人物为主题的贵族妇女礼佛图。前面的都督夫人雍容华贵，身着
织花石榴红裙，肩披帛，云髻高耸，发上簪花；身后一女头梳高
髻身穿绿裙，另一女头戴凤冠身穿黄裙，皆披有多层丝绢披帛；
后面九名小侍女均身穿时髦流行的男儿装，各依年龄绾结出不同
发式，有的以纨扇触面，有的回头顾盼，窃窃私语。画
面中钗光鬓影，绮丽纷呈，背景则树以垂柳，植以萱草，
花树之间绘以蜂蝶，仿佛嗡嗡有声，勾画出一片阳春三
月、艳阳和煦的景象。画中风光人物和谐交融，宛然一
群唐代妇女出游踏春的生动场景（图1-42）。

　　唐宋时期，敦煌也流行登高、滑沙等活动。如敦煌
文献S.6537《郑余庆书仪》云："九月九日，昔费长房
携酒将家口鸡犬，登高山避火灾，佩茱萸，饮菊花酒以
□□□也。至晚还家，屋宅悉被火烧尽也。"又，S.1053
《寺院破历》（图1-43）："粟陆斗，麦壹斗换黑豆，登高
日用。""九月九日"和"登高日"都指重阳节，饵糕是
用大米蒸熟，和豆粉拌制而成，寺院换黑豆正是用来做
饵糕。僧人尚且行此俗，可知民间应当更为普遍。敦煌
重阳节的活动有：友人相邀聚会、玩菊、饮茱萸酒、登
高食饵、衙府设宴、乐舞欢度及水边赛神等。如S.2200
《重阳相迎书》（图1-44）云："重阳之节，玩菊倾思，悬
珠一抔，倍加渴慕。亦云茱萸之酒，不可独斟，思忆朋

① 《全唐诗》第686
卷第69首。
② 《全唐诗》第25
卷第22首。

图1-43　S.1053《寺院破历》

图 1-44　S.2200《重阳
相迎书》

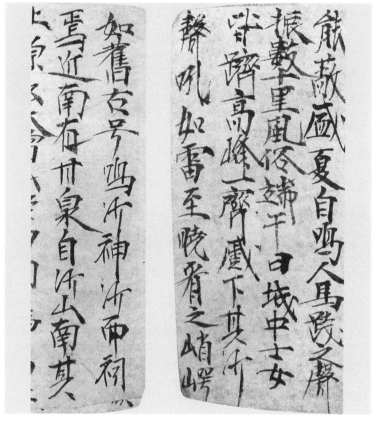

图 1-45　S.5448《敦煌录》

寮，何以言述！谨令奉屈，幸速降临，不宣谨状。"亦如孙思邈《千金月令》所言：
"重阳之日必以肴酒登高眺迥，为时宴之游赏，以畅秋志。酒必采茱萸、甘菊以泛
之，既醉而还。"由此均可知当时的登高活动具有很强的娱乐性。

在敦煌，每年端午节，人们登上距城南 5 千米的鸣沙山之顶，然后从山顶往山
下滑。如 S.5448《敦煌录》（图 1-45）所载："风俗：端午日，城中士女，皆跻高峰，
一齐蹙下，其沙声吼如雷，至晓看之，峭崿如旧，古号鸣沙，神沙而祠焉。"数十
人、数百人一起下滑，推动流沙疾速奔泻，只见沙浪滚滚，如同一幅幅锦缎张挂沙
坡，又若金色群龙飞腾。耳边骤然响起阵阵轰鸣声，初如丝竹管弦，继若钟磬和
鸣，进而金鼓齐鸣，不绝于耳，令人惊心动魄而又玩味无穷。

第二章

竞力类游戏

竞力类游戏是一种较为原始的游戏方式，其主要特点是游戏者通过力量上的较量来分出胜负，以此获得一种精神上的愉悦。竞力类游戏与人的基本生理运动有非常密切的关系，在人的机体要求不断运动的欲望下，人便会通过能量的消耗来满足这种欲望，于是便产生了竞力类游戏。

竞力类游戏是在人主观愿望的基础上进行的人与人的竞力、人与动物的竞力、动物与动物的竞力等令人愉悦的活动。竞力类游戏发展到如今，大多演变成了体育运动。

举重、相扑、摔跤、拔河等活动属于人与人之间的竞力，人虎相斗、人熊相斗、人牛相斗等活动属于人与动物之间的竞力，斗鸡、斗蟋蟀、斗蜘蛛、斗鹌鹑等活动属于动物与动物之间的竞力。直接参与者不同，形式各异，但都是依靠自己的力量来和对方拼搏，优胜劣败的法则在这些游戏中表现得尤为突出。

在敦煌壁画和敦煌文献中，竞力类游戏主要保存有举重、相扑、斗兽、斗鸡等活动的图像画面或文字记载。

力拔山兮气盖世

举重是最能体现人力量的活动，而力量则是古代生产和战争中最重要的因素。在以人力和畜力为动力的生产活动中，谁的力量大，谁就能生产出更多的农作物；在战争中，尤其是在冷兵器时代的战争中，力量的大小对胜负往往起着决定性的作用。

古代评价或赞颂一个人，经常说其能够力举什么重物。如《史记·项羽本纪》中记载项羽自为诗曰"力拔山兮气盖世"，感叹自己有一身神力能拔举起一座大山，却竟落得"虞兮虞兮奈若何"的凄惨境况[①]。甚至连儒家之祖孔子也是力大无比，据《列子·说符》记载："孔子之劲能拓国门之关，而不肯以力闻。"[②]拓，举也。说孔子的力气大得可以举起重逾千斤的城门大闩。《左传·襄公十年》也记载："偪阳人启门，诸侯之士门焉，县门发，聊人纥抉之，以出门者。"[③]说孔子的父亲叔梁纥也是一个大力士，在鲁国军队攻打偪阳城的一次战斗中，他用双手奋力托起沉重的悬门（城闩），使入城被围的鲁军安全撤出。由此也可以看出举重在古代战争中的重要意义。

从游戏角度来看，古代的举鼎、举石狮等活动则是最具表演性的项目。《史记·项羽本纪》记载："籍长八尺余，力能扛鼎。"[④]"扛"即"举"，"扛鼎"即"举鼎"。按《说文》的解释，扛鼎就是"横关对举"，即是在两个鼎耳之间穿一根杠子，两个人把它抬起来；而一个人扛鼎，就是手提横杠把鼎举起来。《史记·秦本纪》亦云："武王有力好戏，力士任鄙、乌获、孟说皆至大官。王与孟说举鼎，绝膑。八月，武王死。族孟说。"[⑤]说的是春秋战国时期的秦武王举鼎成癖，其手下的大力士都因此而做了大官。一次，他与大力士孟说比赛举鼎，不料被鼎掉下来砸断了膝盖骨，并因此而死亡，孟说全家也为此遭诛杀。从这些记载可以看到举鼎活动具有表演意味，尤其是秦武王与手下的官员练习和比赛举鼎更具有游戏的成分。

鼎是秦汉时期最常见的举重物，因为鼎是当时最常用的器物，虽然沉重，但容易抓握，适合训练，也最能显示举者的能力。另一种常用的举重物则是前面提到的城闩。在古代，人们把这种举重活动称为"翘关"或"拓关""举关"。武则天时期，还将翘关列为武举的考试项目，据《新唐书·选举制》记载："长安二年

① 《史记》，中华书局，1982年，第331页。
② 杨伯峻：《列子集释》，中华书局，1979年，第252页。
③ 吴树平等点校：《十三经全文标点本（下）》，北京燕山出版社，1991年，第1313页。
④ 《史记》，中华书局，1982年，第296页。
⑤ 《史记》，中华书局，1982年，第209页。

（702年），始置武举。其制，有长垛、马射、步射、平射、筒射，又有马枪、翘关、负重、身材之选。翘关，长丈七尺，径三寸半，凡十举后，手持关距，出处无过一尺；负重者，负米五斛，行二十步，皆为中第，亦以乡饮酒礼送兵部。"①唐代以后，举重的形式越来越多样化。到了宋代，出现了石制的举重器械和新的举重形式，如举石球、石狮、石担、石锁和掇石墩等。明清两代进行武举的力量科目考试时，使用掇石墩替代了唐代的翘关。掇石墩时用的石制器具两端有扣手，分别有200斤、250斤和

图2-1　秦陵百戏俑坑出土　举鼎俑

300斤三种重量，规则是"石必离地一尺"，"自膝至腹及负石以走"②。

最早的举重形象可见于1999年在陕西西安秦始皇陵出土的百戏俑。其中像扛鼎者的3号俑头部缺失，呈站立状，上身裸露，下着短裙，左脚前迈，左臂下垂，左手紧扣于腰带上，右臂上举，挺胸鼓肚（图2-1）。另外，从同一个坑中还出土了一件大铜鼎。有学者认为"此鼎是有意放在百戏俑坑棚木层以上的填土中……作为扛鼎的象征"，由此推测这应是一身举鼎的力士。这身陶俑和其他从事寻橦、丸剑等杂技活动的百戏俑在一起，也可见当时举鼎活动的游戏性质③。

①《新唐书》，中华书局，1975年，第1170页。
②徐永昌：《中国古代体育》，北京师范大学出版社，1983年，第90页。
③袁仲一：《关于秦陵百戏俑几个问题的探讨》《文博》2000年第4期。

另外，现藏于徐州博物馆的一块汉画像石"七力士图"上有举鼎的形象。图中共绘有七人，左二人手持兵器共同搏虎；第三人弓步蹲身作拔树状；第四人手握一只死兽的尾巴，将庞大的死兽背在身上；第五人双手执鼎耳，把鼎翻举过头顶；第六人双手抱一幼鹿；第七人手中持一环状物。其中第五人为举鼎者是毫无疑问的（图2-2）。

敦煌壁画中的举重图像最早见于莫高窟北周第290窟。该窟人字披西披《佛传》故事画中绘有佛经绘悉达多太子竞技娶妻的故事。据佛经说净饭王得知太子比赛得胜，令侍者驱白象出城迎接太子，失败的提婆达多在城门处将白象打死，故意堵塞于城门；难陀将死象拖离城门七步远处，太子见此情景，担心此死象"于后坏烂，臭熏此城"，便"左手举象，以右手承，从于空中，掷置城外，越七重墙，度七重

图2-2　江苏徐州洪楼村汉画像石　举鼎者

图2-3　北周第290窟人字披西披　举象

埕，既掷过已，离城可有一拘卢奢。而象坠地，即成大坑"[1]。画面中太子梳双丫髻，穿双襟大袖襦服，着履，挽袖，正轻松地用右手将一只大象高高举起（图2-3）。

　　莫高窟五代第61窟西壁南起第6扇《佛传》故事屏风画绘有太子习武的故事，其中也有举象的画面。据佛经说，净饭王集聚群臣议言，请老师忍天教太子各种武艺，"凡有二十九种，……所谓腾象跨车，跳坎越马，射妙走疾……捉象搭钩，巧解安施，掷象鼲索，又工将养，饮饲畜生"[2]。图中大象形体庞大，太子单手举象的动作也描绘得颇为夸张，表现出游戏表演的意味（图2-4）。画面中还绘有其他释子在旁边无法举动大象的可笑情景，与太子举象形成对比。因为据佛经记载，太子曾对老师忍天说："汝教其余诸释种子，我自解此，不须更学。"[3]故图中要展示太子比其他诸释子更为高超的技艺。在太子举象的左侧还有一幅"太子举钟图"，太子轻松地单手擎巨钟，而另一释子则用足力气也无法移动大钟（图2-5）。该壁画中还绘有榜题："尔时太子于师忍天前共诸释种腾跳白象乃至车马擎钟扑象诸如是等于一切处皆得成就最第一智。"[4]

　　第61窟西壁南起第5扇屏风画也绘有太子习武的情景。画面中

①《大正藏》第3册，第712页。
②《大正藏》第3册，第704页。
③《大正藏》第3册，第705页。
④万庚育：《敦煌莫高窟第61窟壁画〈佛传〉之研究》，敦煌文物研究所编《1983年敦煌学术讨论会文集·石窟艺术编（上册）》，甘肃人民出版社，1985年，第133页。

图2-4　五代第61窟西壁南起第6扇　太子习武·举象

图 2-5　五代第 61 窟西壁南起第 6 扇　太子习武·举钟

太子立于奔驰的马背上，左手高举一块又长又厚重的铁排（图 2-6）。太子前后绘有释子表演马技和马上举铁排。据佛经说，悉达多太子在和诸释子竞技争婚时，在象背和马背上"或手执持粗大铁棒，或执铁轮，或执铁排，或执戟槊，或执长刀"，并且还"左执右掷，右执左掷"，诸释子的技艺与太子比较都远远不及[①]。壁画中把争婚的一些情景移植到习武的画面中，这些可以姑且不论，重要的是这些举重场面中显然包含有很多的游戏成分。

　　这种具有表演性质的举重活动在汉画像石上也能见到。如山东嘉祥武氏祠汉画像石中，便可以看到表演百戏的伎人正双手将另一伎人高高举起，表演各种动作（图 2-7），展示力量的同时也

①《大正藏》第3册，第 711 页。

图 2-6 五代第 61 窟西壁南起第 5 扇 太子习武·举铁排

图 2-7 山东嘉祥武氏祠汉画像石 伎人
举人

展示技巧。《北梦琐言》记载了唐末僖宗时四川地区一个姓王的俳
优，"有巨力，每遇府中犒军宴客，先呈百戏。王生腰背一船，船
中载十二人，舞《河传》一首，略无困乏"①。汉唐时期，这类展
示力量且具有表演娱乐性的杂技艺人与节目，应当不在少数。

不过，有些看上去很像举重活动的画面②，其实另有其他内
涵。如甘肃永靖炳灵寺石窟北魏第 132 窟北壁主尊交脚菩萨脚下，
有一身力士双手托举菩萨的双脚。如果只看力士和菩萨的双脚，
似乎有举重的意味，但综观整幅图像，庄严肃穆的菩萨作为高大
的主体端坐于台座，小小的力士在下面轻轻托举菩萨的双脚，只
是一个起陪衬烘托作用的侍者角色。在举重活动中，举重者是主

① （五代）孙光宪：
《北梦琐言》逸文卷
2，中华书局，1960
年，第 166 页。
② 李金梅、李重申：
《丝绸之路体育图
录》，甘肃教育出
版社，2008 年，第
192～196 页。

体，重物是被举重者控制的对象。孰主孰次，是判断是否为举重活动的标准。如莫高窟初唐第322窟西壁龛内的壁画《夜半逾城》，主体是骑马的悉达多太子，手捧马脚的四名力士不过是起烘托作用的小护卫而已，他们既不是举重者，马和太子更不是他们托举的重物。另外如甘肃礼县出土的青铜器中顶举编钟横梁铜人，从其姿态神情来看，也没有举重的意味，只是具有装饰性效果的立柱而已。

程角牴之妙戏

举重虽然是人与人之间力量的较量，但它是一种间接的较量。可以一个人进行举重活动，也可以多人同时进行举重活动，重要的是相互之间的身体不接触，力量没有直接作用于对方。相反，角抵、相扑之类的活动则是人与人之间直接的力量较量，且较举重增加了更多的技巧。

人与人之间直接的竞力方式最初是角抵。角抵，也叫角力。《礼记·月令》记载："孟冬之月……天子乃命将帅讲武，习射御、角力。"[1]秦汉时期，人们把黄帝战蚩尤的传说引入角力活动。据《述异记》记载："秦汉间说蚩尤氏耳鬓如剑戟，头有角，与轩辕斗，以角抵人，人不能向。今冀州有乐，名蚩尤戏，其民三三两两，头戴牛角而相抵，汉造角抵戏，盖其遗制也。"[2]秦时的宫殿中还将角抵和其他伎艺表演并列在一起，如《史记·李斯列传》记载："是时二世在甘泉，方作觳抵优俳之观。"[3]文中集解："应劭曰：'战国之时，稍增讲武之礼，以为戏乐，用相夸示，而秦更名曰角抵。角者，角材也。抵者，相抵触也。'文颖曰：'案：秦名此乐为角抵，两两相当，角力，角伎艺射御，故曰角抵也。'骃

① 吴树平等点校：《十三经全文标点本（上）》，北京燕山出版社，1991年，第742、743页。
② 转引自刘梦溪主编：《中华文化通志·艺文典》，廖奔撰《戏曲志》，上海人民出版社，1998年，第18页。
③《史记》，中华书局，1982年，第2559页。

案：觳抵即角抵也。"[1]1975年湖北江陵凤凰山秦墓出土一只木篦，篦背漆画绘有三人，其中两人正在交手相搏，旁立一人似在充当裁判；篦背上方还绘悬有帷幕的飘带，示意这场比赛是在供观赏的台上进行的（图2-8）。从文献记载和实物图像均可见角抵活动在战国之时便具有很强的游戏性质。

图2-8 湖北江陵凤凰山出土秦代木篦 角抵图

到了汉代，角抵活动已经在民间得到普及，成了经常性的表演竞赛活动。据《汉书·武帝纪》记载："（元封）三年春，作角抵戏，三百里内皆[来]观。"[2]"（元封六年）夏，京师民观角抵于上林平乐馆。"[3]当时的角抵戏规模宏大，轰动京城，老百姓甚至宁愿跑几百里的路去观看，可见当时老百姓对于角抵戏的喜爱，也可见角抵戏的娱乐性之强。河南密县打虎亭2号东汉墓壁画中"角抵图"便生动形象地描绘了有关情景，图中二人的比赛也是在供观赏的台上进行的（图2-9、2-10）。

《西京赋》记录了东汉年间一次角抵大会的盛况："大驾幸乎平乐，张甲乙而袭翠被。攒珍宝之玩好，纷瑰丽以奓（奢）靡。临迥望之广场，程角牴之妙戏。乌获扛鼎，都卢寻橦，冲狭燕濯，胸突铦锋。跳丸剑之挥霍，走索上而相逢。"[4]丰富多彩的百戏节目，更是展示了角抵戏的娱乐性质。

①《史记》，中华书局，1982年，第2560页。

②《汉书》，中华书局，1962年，第194页。

③《汉书》，中华书局，1962年，第198页。

④张启成、徐达主编：《汉赋今译》，贵州人民出版社，2001年，第112页。

图 2-9　河南密县打虎亭 2 号东汉墓壁画　角抵图

图 2-10　河南密县打虎亭 2 号东汉墓壁画　角抵图（线描）

相扑源于角抵，一般没有异议，但"相扑"一词或现代意义上（即现代日本的相扑运动方式）的相扑运动究竟源于何时，或云秦，或云西晋，或云唐，或云宋，众口不一。其实结合实物图像，翻阅史书和佛教典籍，这个问题基本能解决。如王隐《晋书》卷十一记载："颍川、襄城二郡班宣相会，累欲作乐。谓角抵戏。襄城太守责功曹刘子笃曰：'卿郡人不如颍川人相扑。'笃曰：'相扑下技，不足以别两国优劣。'"[①]文中不仅有"相扑"一词，其注还指出了角抵戏与相扑的关系。

莫高窟北周第 290 窟人字披西披《佛传》故事画中绘有相扑的画面。查阅相关佛经资料，发现该故事画所依据的《修行本起经》为东汉时西域三藏竺大力与康孟详共译，而翻译该经的时间为建安二年（197 年）。经文中记载："王告难陀：'汝与调达二人相扑。'难陀受教即扑，调达顿蹶闷绝，以水灌之，有顷乃苏。王复问言：'谁为胜者？'其仆答言：'难陀得胜。'王告难陀：'与太子决。'难陀白王：'兄如须弥，难陀如芥子，实非其类。'

① （清）汤球辑，杨朝明校补：《九家旧晋书辑本》，中州古籍出版社，1991 年，第 303 页。

拜谢而退。"①画面中梳双丫髻、穿犊鼻裤的难陀正将全身赤裸的调达扑翻在地（图2-11）。结合经文内容和画面形象，我们可以将这幅画定名为"相扑图"。另外，从文中"受教即扑"的"扑"字来看，"相扑"的"相"显然有"互相"的意思，可见这里"相扑"一词的含义应该是"互相扑击"的意思。

由此可见，"相扑"一词在东汉建安二年（197年）已经出现，所表达的内容与现代相扑运动大致相同。

其实许多佛经中都有"相扑"一词。如北凉天竺三藏昙无谶译《大般涅槃经》记载："譬如王家有大力士，其人眉间有金刚珠，与余力士较力相扑。而彼力士以头抵触其额上，珠寻没肤中都不自知是珠所在，其处有疮即命良医欲自疗治。"②从"以头抵触其额"可以看出当时的相扑还保留有原始角抵活动的痕迹。另外，宋天竺三藏求那跋陀罗译《过去现在因果经》、隋天竺三藏阇那崛多译《佛本行集经》等佛经中都有"相扑"一词，其含义也都是"互相扑击"的意思。

敦煌壁画中依据佛经所绘的相扑画面还有

①《大正藏》第3册，第465页。
②《大正藏》第12册，第407页。

图2-11　北周第290窟人字披西披　相扑

①《大正藏》第3册，第710、711页。

不少。如莫高窟五代第61窟西壁南起第12扇屏风画，依据《佛本行集经·角术争婚品》绘悉达多太子与诸释子竞技争婚的故事。经云："是时太子却坐一面，其诸释种一切童子，双双而出，各各相扑……次阿难陀忽前着来，对于太子，欲共相扑……而彼不禁，即便倒地。其后次至提婆达多童子前行，以贡高心我慢之心，不曾比数，悉达太子，欲共太子角竞威力，欲共太子一种齐等，挺身起出，巡彼戏场，面向太子，疾走而来，欲扑太子。""尔时太子，不急不缓，安详用心，右手执持提婆达多童子而行，擎举其身，足不着地，三绕试场，三于空旋，为欲降伏其贡高故，不生害心，起于慈悲，安徐而扑，卧于地上，使其身体不损不伤。"①该壁画中还存有榜题："……来对于太子欲共相扑……不禁即便倒……太子一种齐等……不急不缓……"画面中分别绘诸释子之间相扑（图2-12）、太子与提婆达多相扑（图2-13），形象颇为生动。重要的是这段经文中比较详细地描述了相扑过程中的一些具体动作，如"擎举其身，足不着地，三绕试场，三于空旋"等，还将赛场谓之"戏场"，由此也可

图 2-12　五代第 61 窟西壁南起第 12 扇屏风画　相扑

图 2-13　五代第 61 窟西壁南起第 12 扇屏风画　相扑

见当时相扑活动的游戏意味。

藏经洞出土的敦煌文献P.2002写卷背面有一幅白描的"相扑图",写卷内有"辛巳年五月"的字样,有学者推断可能是唐末五代时期所绘。画面中,两名赤身裸体者的腰间均系一布带兜裆,头发扎成髻,并饰有两角。两人扭抱成一团,一人抓住对方腰带,另一人则抱住对方的腿,正在奋力相搏,伺机战胜对方(图2-14)。

图 2-14 P.2002 写卷 相扑图

敦煌文献ДХ.02822号西夏文书《杂集时要用字》"音乐部第九",录文为:"龙笛 凤管 蓁筝 琵琶 弦管 声律 双韵 嵇琴 荜篥 云箫 箜篌 七星 影戏 杂剧 傀儡 舞绾 柘枝 官商 丈鼓 水盏 相扑 曲破 把色 笙簧 散唱 遏云 合格 角徵 欣悦 和众 雅奏 八佾 拍板 三弦 六弦 勒波 笛子。"[1]这里将"相扑"一词与"影戏""杂剧""傀儡""舞绾"等并列在一个类别中,说明这时的相扑活动仍然具有很强的表演性和娱乐性。

敦煌文献S.1366《庚辰至壬午年(980～982年)归义军衙内面油破历》中记载:"准旧相扑汉儿面五斗。"[2]意思大概是按照以往惯例给参加相扑活动的汉子五斗面。可见,唐五代时期,相扑活动在敦煌地区也颇为盛行,并且得到官府的支持。

敦煌壁画中的相扑图像虽然不少,但有些看起来很像相扑活动的画面在定名时需要慎重[3]。如莫高窟晚唐第14窟主室南壁

① 俄罗斯科学院东方研究所编:《俄藏敦煌文献(第10册)》,上海古籍出版社,1998年,第62页。

② 郝春文、金滢坤编著:《英藏敦煌社会历史文献释录(第五卷)》,社会科学文献出版社,2006年,第416页。

③ 李金梅、李重申:《丝绸之路体育图录》,甘肃教育出版社,2008年,第192～196页。

《十一面神咒心经变》，画面中绘一人坐在床座上持卷颂咒，身前身后各有一个仅腰间系布带兜裆的罗刹鬼作挥拳状，意欲加害，但咒力使鬼魅不能近身。下面是两个罗刹鬼无可奈何地离去。据经文说，如果有人"每晨朝时"，念诵十一面观音神咒"一百八遍，若能如是，现身获得十种胜利……六者蛊毒鬼魅不能中伤"[1]。所以画面表现的是鬼魅前来侵扰但被咒力驱走的情景，并非相扑活动场面。

又如莫高窟晚唐第85窟窟顶南披《法华经变》中，"观世音菩萨普门品"的画面上部绘"脱火难""脱海难"等，下部绘"脱囚难"等。在"脱海难"中的海船旁，绘有两身赤裸上身的罗刹鬼，正挥舞两臂。显然这是表现经文："若有百千万亿众生，为求金银琉璃车磲马瑙珊瑚虎珀真珠等宝，入于大海。假使黑风吹其船舫，飘堕罗刹鬼国，其中若有乃至一人，称观世音菩萨名者，是诸人等，皆得解脱罗刹之难。"[2]莫高窟晚唐第196窟南壁《法华经变》中也有相同的画面，只是表现"脱囚难"位于画面上部，画面中四身手舞足蹈的罗刹鬼描绘得更为生动。这些都不是表现相扑活动的画面。

又如莫高窟初唐第321窟南壁《宝雨经变》中，有一组表现"拳打手搏刀杖损害""恶口骂詈""粗言会责"等内容的场面。画面上部绘有一男一女在房屋外争吵，房内主人在责骂臂擎猎鹰的猎人。画面下部有二人在打斗，旁边一妇女似乎在劝阻[3]。其中正在打斗的二人显然不是在进行比赛性质的相扑或摔跤活动。

或许，莫高窟第14、85、196、321窟中的这些画面借用了日常生活中相扑或摔跤活动的一些动作，但我们决不能因此便将其定名为"相扑图"或"摔跤图"。

①《大正藏》第20册，第152页。
②《大正藏》第9册，第56页。
③梁尉英：《敦煌石窟艺术·莫高窟第321、329、335窟（初唐）》，江苏美术出版社，1996年，第227页。

人兽相斗，观其惊骇

竞力类游戏不仅有人与人之间的竞力，还有人与动物之间的竞力、动物与动物之间的竞力等。如人们熟知的古罗马斗兽场曾经便是人与困兽相斗的场所，至今还流行于西班牙的斗牛活动则是人与动物之间的竞力。

我国古代关于斗兽以及畜兽的记载很多。如《诗经·郑风·大叔于田》记载一位猎手能袒身空手搏虎："襢裼暴虎，献于公所。"[1] 又如《管子·轻重甲第八十》记载，夏桀"弛牝虎充市，以观其惊骇"[2]。《史记·殷本纪》也记载，帝纣在沙丘大筑苑台，"多取野兽蜚鸟置其中"[3]。说明当时畜兽相当普遍。

西汉帝王大规模设兽圈，并使之成为人与困兽相斗的竞技场。据《史记·封禅书》记载，武帝"作建章宫，度为千门万户。前殿度高未央。其东则凤阙，高二十余丈。其西则唐中，数十里虎圈"[4]。《汉书·张冯汲郑传》中也记述："上登虎圈，问上林尉禽兽簿，十余问，尉左右视，尽不能对。虎圈啬夫从旁代尉对上所问禽兽簿甚悉。"[5] 可见，早在汉文帝时期，兽圈已有严格的簿册登记，并有专职的官吏管理。而皇帝亲登兽圈，亲自详细过问，更证明了对它的重视。

据《史记·儒林列传》记载，儒生辕固言语冲撞窦太后，太后"乃使固入圈刺豕。景帝知太后怒而固直言无罪，乃假固利兵，下圈刺豕，正中其心，一刺，豕应手而倒"[6]。《汉书·李广苏建传》说，李广的孙子李禹酒后"侵陵"侍中贵人，导致"上召禹，使刺虎，悬下圈中，未至地，有诏引出之。禹从落中以剑斫绝累，欲刺虎。上壮之，遂救止焉"[7]。由此可见，斗兽一方面可测验勇力，有时又兼有刑罚的意味。而作为观赏者，都是从残酷的搏斗

① 袁俞娈译诗，唐莫尧注释：《诗经全译》，贵州人民出版社，1981 年，第 111 页。

② 《管子·轻重甲第八十》，《诸子集成》，上海书店，1986 年影印本。

③ 《史记》，中华书局，1982 年，第 105 页。

④ 《史记》，中华书局，1982 年，第 1402 页。

⑤ 《汉书》，中华书局，1962 年，第 2307、2308 页。

⑥ 《史记》，中华书局，1982 年，第 3123 页。

⑦ 《汉书》，中华书局，1962 年，第 2450 页。

①《汉书》,中华书局,1962年,第4005页。
②张启成、徐达主编:《汉赋今译》,贵州人民出版社,2001年,第247～251页。
③张启成、徐达主编:《汉赋今译》,贵州人民出版社,2001年,第281页。
④张启成、徐达主编:《汉赋今译》,贵州人民出版社,2001年,第324页。

中取乐。

《汉书·外戚传》说,汉元帝"建昭中,上幸虎圈斗兽,后宫皆坐。熊佚出圈,攀槛欲上殿。左右贵人傅昭仪等皆惊走"①。可见,观看斗兽已成为当时风行宫廷的娱乐活动。

汉赋中也可见到对斗兽的描写。如司马相如《子虚赋》记载:"有白虎玄豹,蟃蜒貙犴,于是乎乃使剸诸之伦,手格此兽。"②《上林赋》也载道:"生貔豹,搏豺狼;手熊罴,足野羊。"③扬雄《长杨赋》中则描写了当时以槛车运送猛兽的情景:"扼熊罴,拖豪猪,木拥枪累,以为储胥。"④将捉住的野兽绑起来关在木栅栏内,以储备待用。辕固入彘圈称"下",李禹也以"落"(网状物)和"累"(绳索)"悬下圈中",可见兽圈形制必如深穴,以坚壁防止猛兽逸出,而斗兽者的生命安全则只能完全系于自身的勇力了。

汉代画像石中有很多斗兽的画面描绘得非常生动形象。如河南汉画像石中的一幅"斗牛图",图中一勇士袒上身,蹲腿出拳,正力斗野牛;野牛则惊恐回视,狂奔逃跑(图2-15)。又如一幅"斗兽图"中,一勇士力斗二虎,横腾身躯,一脚蹬着右侧老虎的

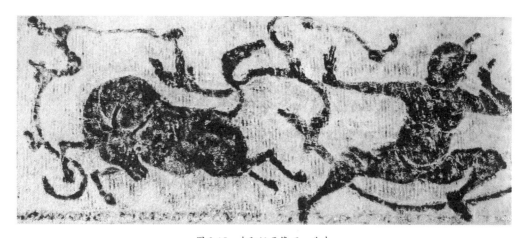

图2-15　南阳汉画像石　斗牛

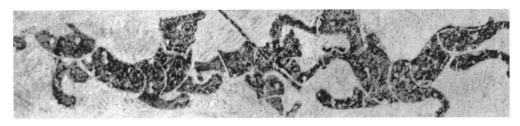

图 2-16　南阳汉画像石　斗虎

图 2-17　南阳汉画像石　斗兽

图 2-18　南阳汉画像石　二兕斗虎

脖子，两手则死死抓住左侧老虎的大口，可谓惊心动魄（图 2-16）。又一幅"斗兽图"中，一勇士斗败左侧一兽后，又转身迎斗右侧抵身之野牛（图 2-17）。

河南汉画像石中也有不少兽与兽相斗的画面。如一幅"二兕斗虎图"中，两只独角兽正奋力角抵一虎（图 2-18）。又一幅"熊虎相斗图"中，一虎张口出爪与一熊斗，熊亦直立应敌，毫不示弱（图 2-19）。又一幅"牛虎相斗图"中，一野牛弓颈扬蹄，似已躲过扑来的猛虎；猛虎用力过度，反而扑空，颇为生动有趣（图 2-20）。

汉画像石中不少斗兽画面是和乐舞百戏画面描绘在一起的，由此亦可见其表演性和娱乐性。

图 2-19　南阳汉画像石　熊虎相斗

图 2-20　南阳汉画像石　牛虎相斗

　　敦煌壁画中尚未见人空手赤拳和兽相斗的画面，但有不少猎人用弓箭射杀野兽的场面（图 2-21）。这些画面单独来看，可以谓作"狩猎图"。如西魏第 249 窟北披绘一猎人骑在马上正用弓箭对准一只追赶扑来的猛虎（图 2-22），而该窟东披同时绘胡人和乌获正在表演百戏，可见北披的狩猎内容在一定程度上也具有娱乐性。虽然这些画面与前面介绍的"斗兽图"有很大的差异，但可以从中看到人兽竞力的历史演变过程。

　　敦煌晚唐与五代时期《劳度叉斗圣变》中绘有狮牛相斗的场面，结合其故事内容来看，显然具有很强的表演性和娱乐性。敦煌壁画中现存 18 幅《劳度叉斗圣变》，早期的《劳度叉斗圣变》可能依据《贤愚经·须达起精舍缘品》绘制，而晚唐以后则是依据《降魔变文》绘制。佛经《贤愚经·须达起精舍缘品》中虽然有舍利弗与外道斗法的情节，但仍以购园、起精舍为主要内容，具有浓厚的宗教布道性质和弘扬佛法的作用。《降魔变文》侧重点在斗法，即内容上将精舍与斗法并重，目的是增添紧张激烈气氛，富有戏剧性和趣味性。因此，依据变文绘制的壁画也应具有较强的戏剧性和趣味性。壁画所依据的变文

图 2-21　五代第 98 窟背屏　狩猎图

内容为："劳度叉忽于众里，化出一头水牛。其牛乃莹角惊天，四蹄似龙泉之剑；垂斛曳地，双眸犹日月之明。喊吼一声，雷惊电吼……舍利弗虽见此牛，神情宛然

图 2-22　西魏第 249 窟北披　狩猎图

① 王重民等编：《敦煌变文集（上集）》，人民文学出版社，1957年，第383、384页。

不动。忽然化出师子，勇锐难当。其师子乃口如溪豁，身类雪山，眼似流星，牙如霜剑，奋迅哮吼，直入场中。水牛见之，亡魂跪地。师子乃先慑项骨，后拗脊跟，未容咀嚼，形骸粉碎。"①

莫高窟晚唐第196窟西壁《劳度叉斗圣变》中，外道劳度叉变化出一头水牛，舍利弗化出一狮子直扑水牛，撕背咬颈，血流如注；水牛两眼圆瞪，双角似剑，紧蹬后肢，尽力挣扎，但前肢一蹄已经跪倒，口吐长舌，露出败相（图2-23）。

莫高窟晚唐第9窟南壁《劳度叉斗圣变》中，绘有一只硕大的水牛，脊背被狮子紧紧抓住，脖颈也被咬住，鲜血喷出（图2-24）。

榆林窟五代第16窟后室东壁《劳度叉斗圣变》中，也绘有一只被狮子扑倒的水牛。牛的脊背被狮子紧紧抓住，前肢两蹄跪地，惊恐万状（图2-25）。

藏经洞出土的文献P.4524写卷中有《劳度叉斗圣变》"狮牛相斗"的草图。画面虽没有色彩，但狮子的尖牙利爪和水牛的锐角增添了血腥味，场面也更为惊心动魄（图2-26）。

《劳度叉斗圣变》中金翅鸟与毒龙相斗的画面也是依据《降魔变文》所绘。变文中说劳度叉频频失败后，"忽然化出毒龙，

图2-23　晚唐第196窟西壁　劳度叉斗圣变·狮牛斗

图2-24　晚唐第9窟南壁　劳度叉斗圣变·狮牛斗

图 2-25　五代榆林窟第 16 窟后室东壁·劳度叉
斗圣变狮牛斗

图 2-26　P.4524 降魔变文画卷　狮牛斗

口吐烟云，昏天翳日，扬眉眴目，震地雷鸣，闪电乍闇乍明，祥
云或舒或卷。惊惶四众，恐动平人，举国见之，怪其灵异"。舍
利弗见此，"安详宝座，殊无怖惧之心，化出金翅鸟王，奇毛异
骨，鼓腾双翅，掩敝（蔽）日月之明，抓距纤长，不异丰城之
剑。从空直下，若天上之流星，遥见毒龙，数回博（搏）接。虽
然不饱我一顿，且得噎饥。其鸟乃先啅眼睛，后囋四竖，两回动
嘴，兼骨不残"[1]。

　　莫高窟晚唐第 9 窟南壁《劳度叉斗圣变》中，一只大鹏金翅
鸟飞扑在一条巨龙的身后，啄其眼，裂其身。毒龙作挣扎状，似
乎疼痛难忍（图 2-27）。

　　莫高窟宋代第 25 窟南披《华严经变》中也有类似的画面。海
上一只金翅鸟绕着屹立于大海中央的须弥山盘旋，追逐着一条龙，
以利喙狠啄龙眼（图 2-28）。此画面是依据《大方广佛华严经》所
绘，经文云："金翅鸟王飞行虚空，安住虚空，以清净眼，观察大海
龙王宫殿。奋勇猛力，以左右翅博开海水，悉令两辟，知龙男女有
命尽者，而撮取之。""大金翅鸟王奋迅，坏灭愚痴闇瞖膜，消竭爱
水，于大苦海，博撮烦恼诸恶龙故。"[1]

① 王重民等编：《敦
煌变文集（上集）》，
人民文学出版社，
1957 年，第 386 页。

图 2-27　晚唐第 9 窟南壁　劳度叉斗圣变·金翅鸟斗龙

图 2-28　宋代第 25 窟南披　华严经变·金翅鸟斗龙

以上画面所绘多与《降魔变文》的内容吻合。从变文的内容来看，舍利弗与劳度叉斗法颇有戏耍的意味，且斗法过程中一场场的比赛也极具表演性和娱乐性。同时，变文中的狮子与水牛、金翅鸟与毒龙都是由人幻化，这与秦时"蚩尤戏，其民三三两两，头戴牛角而相抵"的情景颇为类似，所以我们有理由认为这些画面的内容确实具有游戏意味。

路逢斗鸡者，冠盖何辉赫

斗鸡是一种动物与动物之间的竞力性游戏，其游戏性表现在一个"斗"字，即把两只雄鸡放入场中，使之互相啄斗，区分胜负。

在中国，关于斗鸡的文字记载始见于春秋时期。《春秋左传·鲁昭公二十五年》中记载："季、郈之鸡斗。季氏介其鸡，郈氏为之金距。平子怒，益宫于郈氏，且让之。"[②]季平子和郈昭伯都是春秋末期鲁国的贵族，两人因斗鸡而闹翻，季平子以势压人，侵占郈昭伯的土地以扩建房舍。斗鸡时，季氏"介鸡"，郈氏"金距"，都把雄鸡"武装到了牙齿"。

所谓"介鸡"，有两种说法。一种说法是把芥子捣为细粉，播撒于鸡翼上。芥粉味辣，两鸡争斗时，鼓动双翼，芥粉飞扬出去，对方的鸡因呛痛而无心恋战，不上三五个回合，就败下阵去。梁朝简文帝《斗鸡诗》云："玉冠初警敌，芥羽忽猜俦。"刘孝威《斗鸡诗》亦云："丹鸡翠翼张，妒敌得专场。翅中含芥粉，距外曜金芒。"[③]两首诗中都特别提到在斗鸡时使用芥粉，以获胜。另一种说法是将"介"字解释为铠甲，古时"介"通"甲"。斗鸡时，头部是双方啄咬的部位，因此，制小铠甲以保护鸡头。两种做法，可能古代都实行过。

① 《大正藏》第9册，第626、659页。
② 吴树平等点校：《十三经全文标点本（下）》，北京燕山出版社，1991年，第1534页。
③ （唐）欧阳询：《艺文类聚（四）》，中华书局，1965年，第1585、1586页。

①《汉书》，中华书局，1962年，第1371页。

②诸祖耿编撰：《战国策集注汇考（中）》，江苏古籍出版社，1985年，第520页。

③《史记》，中华书局，1982年，第2744页。

④（唐）欧阳询：《艺文类聚（四）》，中华书局，1965年，第1585页。

⑤杨伯峻：《列子集释》，中华书局，1979年，第86、87页。

金距也是一种外加的武器。《汉书·五行志》师古注曰："距，鸡附足骨，斗时所用刺之。"①距，就是雄鸡跗跖骨后方所生的尖突部分，内有坚骨，外披角质鞘，是鸡在啄斗时的武器。金距，是用金属制成假距，套在鸡距上，以利于作战。

关于斗鸡，《战国策·齐策》也记载："临淄甚富而实，其民无不吹竽鼓瑟、击筑弹琴、斗鸡走犬、六博踏鞠者。"②司马迁《史记·袁盎传》亦曰："袁盎病免居家，与闾里浮沉，相随行，斗鸡走狗。"③

曹魏时期，宫廷中曾盛行斗鸡。曹植《斗鸡诗》云："游目极妙伎，清听厌宫商。主人寂无为，众宾进乐方。长筵坐戏客，斗鸡间观房。群雄正翕赫，双翘自飞扬。挥羽激流风，悍目发朱光。觜落轻毛散，严距往往伤。长鸣入青云，扇翼独翱翔。愿蒙狸膏助，常得擅此场。"④《列子·黄帝篇》中也记载有一段纪渻子为周宣王驯养斗鸡的故事："纪渻子为周宣王养斗鸡，十日而问：'鸡可斗已乎？'曰：'未也；方虚骄而恃气。'十日又问。曰：'未也；犹应影响。'十日又问。曰：'未也；犹疾视而盛气。'十日又问。曰：'几矣，虽有鸣者，已无变矣。'望之似木鸡矣。其德全矣。异鸡无敢应者，反走耳。"⑤可见，魏晋时期的人们已经有丰富的驯养斗鸡的经验。一只斗鸡要经过几十天的调教，使它没有虚骄之气，不受外界的影响，不盛气凌人，就像一只木鸡一样，这种训练有素的斗鸡才能真正具备顽强的竞斗能力。

晋朝傅玄《斗鸡赋》也生动描写了斗鸡的场面："或踯躅踟蹰，嗫喋容与，或杷地俯仰，或抚翼未举，或狼顾鸱视，或鸾翔鹄舞，或佯背而引敌，或毕命于强御，于是纷纭翕赫，雷合电击，争奋身而相戟兮，竞隼鸷而雕睨，得势者凌九天，失据者沦九地。"①

唐代，斗鸡也十分盛行，上至帝王将相、下至庶民百姓都热衷这种游戏。如《太平广记》中记载："（贾）昌生七岁，矫捷过人，能搏柱乘梁，善应对，解鸟语音。玄宗在藩邸时，乐民间清明节斗鸡戏。及即位，治鸡坊于两宫间。索长安雄鸡，金毫铁距，高冠昂尾千数，养于鸡坊，选六军小儿五百人，使驯扰教饲。上之好之，民风尤甚。诸王世家，外戚家，贵主家，侯家，倾帑破产市鸡，以偿鸡值。都中男女以弄鸡为事；贫者弄假鸡。帝出游，见昌弄木鸡于云龙门道旁，召入为鸡坊小儿，衣食右龙武军。三尺童子入鸡群，如狎群小，壮者弱者，勇者怯者，水谷之时，疾病之候，悉能知之。举二鸡，鸡畏而驯，使令如人。护鸡坊中谒者王承恩言于玄宗，召试殿庭，皆中玄宗意，即日为五百小儿长。加之以忠厚谨密，天子甚爱幸之。金帛之赐，日至其家。开元十三年，笼鸡三百，从封东岳。……十四年三月，衣斗鸡服，会玄宗于温泉。当时天下号为'神鸡童'。时人为之语曰：'生儿不用识文字，斗鸡走马胜读书。贾家小儿年十三，富贵荣华代不如。能令金距期胜负，白罗绣衫随软舆。'……昭成皇后之在相王府，诞圣于八月五日。中兴之后，制为千秋节。……每至是日，万乐具举，六宫毕从。……导群鸡，叙立于广场，顾昐如神，指挥风生。树毛振翼，砺吻磨距，抑怒待胜，进退有朝，随鞭指低昂，不失昌度。胜负既决，强者前，弱者后，随昌雁行，归于鸡坊。角牴万夫，跳剑寻橦，蹴球踏绳，舞于竿颠者，索气沮色，逡巡不敢入。……上生于乙酉鸡辰，使人朝服斗鸡。"[2]

唐代诗文中也有许多关于斗鸡的记载。如杜淹《咏寒食斗鸡应秦王教》写道："寒食东郊道，扬鞲竞出笼。花冠初照日，芥羽正生风。顾敌知心勇，先鸣觉气雄。长翘频扫阵，利爪屡通

① （唐）欧阳询：《艺文类聚（四）》，中华书局，1965 年，第 1586 页。

② （宋）李昉等编：《太平广记》卷 485《东城老父传》，中华书局，1961 年，第 3992、3993 页。

①《全唐诗》第30
卷第20首。
②《全唐诗》第161
卷第1首。

中。飞毛遍绿野，洒血渍芳丛。虽然百战胜，会自不论功。"①李白《古风》也写道："路逢斗鸡者，冠盖何辉赫。鼻息干虹蜺，行人皆怵惕。""斗鸡金宫里，蹴鞠瑶台边。举动摇白日，指挥回青天。"②

汉代画像砖与画像石中也刻画有不少斗鸡的场景。如河南郑州出土汉代画像砖中的"斗鸡图"，画面正中两只雄鸡高足长尾，羽翅张扬，引颈昂首，正交颈啄斗；两侧各立一人，皆戴冠，着长衣，仰首挥臂，似在吆喝助威（图2-29）。又如江苏沛县龙固出土汉代画像石，画面上一贵妇拄着拐杖，正聚精会神地看着两只雄鸡相斗；两鸡则正相对作伺机进攻状；另有一犬在旁侧蹲着，作回首观看状，颇为有趣。河南南阳县宛城区英庄出土的东汉画像石，也绘有一幅"斗鸡图"。画面中央有一伞，伞盖下置二樽二盘，盘内堆放肴品；两侧各有一只雄鸡，正昂首怒目跃跃欲斗；其后各有一持兵械者唆斗，另各有随从侍卫一人，场面颇为壮观（图2-30）。又如山东省枣庄市山亭区山亭镇出土的汉画像石中也有一幅"斗鸡图"，画面中两只雄鸡怒目相对，跃跃欲斗。在两只雄鸡后面各站立一名儿童，正挥臂驱使雄鸡相互争斗。左侧有一人跨步舞臂助兴。右侧还有一只雄鸡，虽然只残存头部，但从昂扬的姿态看，更为雄健（图2-31）。

成都石羊乡出土的一件东汉时期陶罐上也绘有一幅"斗鸡图"。画面中有两只斗鸡喙相对，

图2-29　河南郑州汉画像砖　斗鸡（转自刘兴珍等主编：《中国古代雕塑图典》，文物出版社，2006年）

图 2-30 河南南阳宛城区英庄汉画像石 斗鸡图

图 2-31 山东枣庄市山亭区山亭镇汉画像石 斗鸡图

图 2-32 成都石羊乡出土东汉陶罐 斗鸡图（摹本）

均羽丰体满、长颈、长尾、长脚，但神态各异。右侧斗鸡收腹团身，右爪在前，左爪在后，并略高于右爪，尾上翘，尾末自然下垂，长颈平直，喙平直向前作进攻状；左侧斗鸡微微下蹲，微收腹，左爪略前伸，颈略向上，头、喙微向下，鸡尾自然下垂作应战状。两只斗鸡后均立有一斗鸡手。两位斗鸡手均作赶鸡吆喝状。这幅"斗鸡图"既有两鸡相斗画面，似乎胜败就要见分晓，也有斗鸡手为自己的斗鸡加油助威的场景。另画面左侧还有一坐者和一站立者，可能是裁判和观众，场面非常生动形象（图 2-32）。

在距敦煌不远的酒泉丁家闸十六国 5 号墓北壁也绘有一幅"斗鸡图"。画面中的坞壁前，有两只公鸡正在相斗，其下方另有一只公鸡在扬翅高啼（图 2-33）。坞壁下方绘桑树三株，树间立五个采桑女，腰系裙，手提篮，姿态各异。坞壁东侧树丛中有鸡圈，鸡圈西侧立一鸡架，鸡窝筑于架上，很有生活情趣。

敦煌壁画中保存有一幅色彩鲜艳、形象更为生动的"斗鸡图"，这幅图位于莫高窟西魏第 285 窟南壁《五百强盗成佛图》中。画面上两只雄鸡竖毛振翼，悍目发光，引颈昂首，尖嘴利爪，正相对作伺机进攻状站立于屋顶，神态乃至力量感都栩栩如生地表现出来了（图 2-34）。值得注意的是，这幅"斗鸡图"虽然只是《五百强盗成佛图》第二个画面"五百强盗被俘，被国王审讯、判刑"中宫殿屋顶上的小点缀物，与故事内容没有直接关系，但却暗喻强盗与官军之间的相残争斗，起着烘托气氛的作用（图 2-35）。

佛经中有不少关于斗鸡的记载，其相关内容都是反对人与人或动物与动物之间的争斗相残。如后秦佛陀耶舍共竺佛念译《佛说长阿含

图 2-33　酒泉丁家闸十六国 5 号墓北壁　斗鸡图

图 2-34　西魏第 285 窟南壁　斗鸡图

图 2-35 西魏第 285 窟南壁 五百强盗成佛（局部）

经》卷十三《阿摩昼经第一》云："如余沙门、婆罗门食他信施，但习战阵斗净之事，或习刀杖、弓矢之事，或斗鸡犬、猪羊、象马、牛驼诸畜，或斗男女，及作众声、贝声、鼙声、歌声、舞声、缘幢倒绝，种种伎戏。入我法者，无如此事。"① 又如后秦凉州沙门竺佛念译《出曜经》卷十一《诽谤品第九》中云："戏笑为恶者，善恶之行皆有轻重，身口意造非独一类，或依己身戏笑为恶触娆众生不安其所，或以瓦石刀器共相伤害，或合会彼此由致斗讼，犹如世人好喜斗羊斗鸡斗驼斗牛斗人斗象，或以骂詈来往，见以欢喜不能自胜，若其寿终啼哭受苦。是故说戏笑为恶已作身行号泣受报随行罪至也。"② 又如竺佛念等译《鼻奈耶》卷五《僧残法之三破僧戒》记载，弑父得无救罪的阿阇世"有幼子，在外斗鸡

① 《大正藏》第 1 册，第 84 页。
② 《大正藏》第 4 册，第 671 页。

①《大正藏》第24
册，第870页。

戏。王阿阇世问夫人幼子所在，答'在外斗鸡戏'。王语夫人：'呼来共食。'时幼子即抱鸡入而不肯食"①。

在佛经中，斗鸡与"习战阵斗诤之事，或习刀杖、弓矢之事"以及"斗驼斗牛斗人斗象"等并论，可见其争斗相残的性质；同时，斗鸡也与"歌声、舞声、缘幢倒绝，种种伎戏"并论，又可见其游戏娱乐的性质。

第三章

竞技类游戏

技，指技能、技巧或技艺。竞技类游戏是随着人类社会生产力的提高而产生、发展的，例如射箭、游泳、马球等活动便与人类的狩猎、捕食、养畜等生产活动或军事活动有关。人们的各种技能，一方面来自对自然界其他动物的模仿，如橦技可能是模仿猴子，游泳则可能是向蛙类或鱼类学习；另一方面则来自生产、生活过程的熟能生巧以及刻苦训练。

竞技类游戏主要是人与人之间进行的竞赛活动，其主要特点是游戏者通过技能、技巧或技艺上的较量分出胜负，以获得一种精神上的快感。竞技类游戏发展到现代，一部分成了体育运动，一部分成了杂技表演。

竞技类游戏在敦煌壁画和敦煌文献中，主要保存有射箭、玩弹弓、投壶、马球、步打球、橦技、倒立、叠罗汉、魔术、游泳等活动的图像或文字记载。

射者，男子之事也

射箭，在远古时代是人类维持生存的一种活动。弓箭起初只具有生产工具的功能，主要用于狩猎；随着财富的增加和占有，出于军事需要而成了兵器。而随着社会的发展，以训练和比赛为目的的射箭活动有了体育属性，与大型祭祀相伴随的射箭活动则有了礼仪属性。同时，在训练和比赛活动以及与饮宴、乐舞有关的活动中进行的射箭活动也具有一定的表演性和娱乐性，即具有游戏属性。

在敦煌壁画中，射箭的图像资料十分丰富，但大多反映的是当时狩猎或军事活动中的射箭场面。具有表演性和娱乐性的射箭场面相对较少，主要在《佛传》故事画中表现出来。

如莫高窟北周第290窟人字披西披《佛传·比赛射艺》，画面左侧群山间的靶场

图 3-1 北周第 290 窟人字披西披 射箭

立有七个木架，上悬七面圆鼓；右侧的射箭棚内，有三名射手均面向左侧的悬鼓作弯弓射箭状；棚前立四名侍者；另有一人骑着快马往返于靶棚之间，承担场内的服务工作（图 3-1）。壁画中的人物全部穿圆领小袖褶，下着小口裤，均为当时北方少数民族服饰。另外，从专门修建的射箭场地、程序化的组织形式等特点看，这应该是一幅北周时期的"射靶图"。据学者考证，这幅图可能依据后汉西域三藏竺大力共康孟详译《修行本起经·试艺品》绘制[1]，其相关经文为："王为娶妻，令试礼乐，宜就戏场。太子即与优陀难陀调达阿难等五百人，执持礼乐射艺之具，当出城门。安置一象，……复以射决，先安铁鼓，十里置一，至于七鼓。诸名射者，其箭力势，不及一鼓。调达放发，彻一中二，难陀彻二，箭贯三鼓。其余艺士，无能及者。太子前射，挽弓皆折，无可手者。王告其仆曰：'吾先祖有弓，今在天庙，汝取持来。'即往取弓，二人乃胜。令与众人，无能举者。太子张弓，弓声如雷，传与大众，莫能引者。太子揽牵弹弓之声，闻四十里。弯弓放箭，彻过七鼓；再发，穿鼓入地，泉水涌出；三发，贯鼓着铁围山。一切众会叹未曾有。"[2]该射箭活动具有比赛的性质，所射目标为铁鼓。经文

① 樊锦诗、马世长：《莫高窟第 290 窟的佛传故事画》，《敦煌研究（创刊号）》，甘肃人民出版社，1983 年。
② 《大正藏》第 3 册，第 465 页。

中"令试礼乐，宜就戏场""一切众会叹未曾有"等描述，都体现了该活动具有表演性和娱乐性。

又如莫高窟五代第 61 窟西壁南起第 7、8、11 扇《佛传》屏风画中均绘有射箭场面。三个场景反映的内容则各有不同。第 7 扇画面上半部分，绘太子在习学技艺的过程中与其武技之师忍天比赛射铁鼓、铁瓮、铁猪等射技的场景（图 3-2、3-3、3-4）。画面中书有相关的两段榜题："尔时太子于师忍天之前……射铁……/ 铁瓮铁猪铁狗铁鼓——□总不如太子 / 十倍过胜诸释子时。""尔时太子于师之前射瓮了又于车 / 上作种种伎所谓或横或纵或立或卧 / 宛转盘旋悉亦第一时。"[1]从画面和榜题的内容看，该活动具有比赛性质，所射目标是铁鼓、铁瓮、铁猪等物体。榜题中还介绍太子"射瓮"之后"又于车上作种种""或横或纵或立或卧"的表演动作。相关经文云："时净饭王，为于太子，欲游戏故，造一园苑，名曰'勤劬'。是时太子，入彼苑内，游戏欢娱。……彼诸释种，各各自入其园苑中，游戏学习。时忍提婆，

①万庚育：《敦煌莫高窟第 61 窟壁画〈佛传〉之研究》，敦煌文物研究所编《1983 年全国敦煌学术讨论会文集·石窟艺术编上》，甘肃人民出版社，1985 年，第 133 页。

图 3-2　五代第 61 窟西壁南起第 7 扇　佛传·射铁鼓

图 3-3　五代第 61 窟西壁南起第 7 扇　佛传·射铁瓮

图 3-4　五代第 61 窟西壁南起第 7 扇　佛传·射铁猪

①《大正藏》第3册，第705页。
②万庚育：《敦煌莫高窟第61窟壁画〈佛传〉之研究》，敦煌文物研究所编《1983年全国敦煌学术讨论会文集·石窟艺术编（上册）》，甘肃人民出版社，1985年，第133页。

将其数种兵戎器仗，欲教太子。太子见已，悉皆弃舍，即语忍天，作如是言：'汝教其余诸释种子，我自解此，不须更学。'时忍提婆，即以教于其余释种此戎仗智，而彼学已。不久人人悉得成就二十九种，并皆通达，所谓腾跳白象车马，乃至挽强。……解诸计数，雕刻印文，宫商律吕，舞歌戏笑。……又复能于白象背上，能回能转，……又于车边，亦善巧弄，出诸异法，刀矟弓箭，身中得悉。"①这充分说明了画中所绘射箭活动的游戏娱乐性质。

第61窟西壁南起第8扇《佛传》屏风画下半部绘提婆达多射雁、悉达多太子救治伤雁等内容（图3-5）。由于画面漫漶，提婆达多射雁的场景已很难分辨，但仍可见画面中部一园内，太子坐菩提树下，将雁放膝上；园外有二人头戴幞头，骑马而去（图3-6）。

图3-5 五代第61窟西壁南起第8扇下半部 佛传·射雁、救雁

虽然这些画面中没有射雁的具体形象，但从榜题和相关经文可以了解其射雁的娱乐性质。榜题云："尔时太子悉达多与诸释种于勤劬园优游嬉戏时有群雁行飞虚空/……是时提婆达多弯弓而射即着一雁/其雁被射带箭而飞来与悉达园中时。""尔时太子于毗奢蜜及忍天所……声/色共诸释种于勤劬园遨游时忽见一雁被伤而堕地/取在膝上即以拔箭封用蜜……"②相关经文为："尔时太子生长王宫，孩童之时，游戏未学，年

图 3-6　五代第 61 窟西壁南起第 8 扇中部　佛传·救雁

满八岁，出合诣师，入于学堂。……随顺世间，悦目适心，纵情放荡，驰逐声色。曾于一时，在勤劬园，遨游射戏，自余五百诸释种童，亦各在其自己园内，优游嬉戏。时有群雁，行飞虚空，是时童子提婆达多，弯弓而射，即着一雁。其雁被射，带箭遂堕悉达园中。时太子见彼雁带箭被伤堕地，见已两手安徐捧取，取已跏趺。安雁膝上。……左手擎持，右手拔箭，即以酥蜜，封于其疮。"①显然，提婆达多弯弓射雁是"优游嬉戏"，是出于表演和娱乐的目的。

第 61 窟西壁南起第 11 扇《佛传》屏风画中描绘悉达多太子与众释子为争婚进行射术比赛等内容。画面中绘太子与诸释子比赛射铁鼓、铁瓮、铁猪，形象与第 7 扇类似（图 3-7），也有两段榜题："尔时净饭大王……振铎唱声从今已去……/悉达欲出……者悉来……时至七日于其城中安一铁鼓诸释/子……太子随取祖父师子颊王大弓重安七鼓……/……逮十拘卢……""尔时又立七铁瓮满中盛水立前执火烧赤箭一射/过铁瓮已有一大婆（娑）罗林一时烧尽又射七铁猪——/穿过其箭落地至于黄泉其箭所穿入地

①《大正藏》第 3 册，第 705 页。

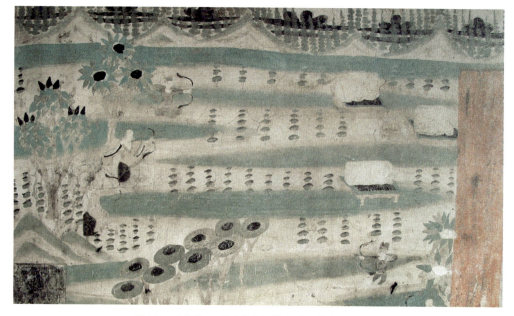

图 3-7　五代第 61 窟西壁南起第 11 扇　佛传·射铁鼓

之处 / 即成一井于今人民常称箭井。"①相关经文云："尔时戏场为阿难陀童子，置立安施铁鼓，去于射所二拘卢奢，……为于悉达太子，安置十拘卢奢。……时阿难陀弯弓射彼二拘卢奢所置铁鼓才得中，及以外更远，则不能过，……尔时次第至悉达多太子欲射，有司进上所奉之弓，太子暂欲以手施张，按弓强弱，拼弦牢靳，其弓及弦，应时碎断。悉达太子即便问言：'此之城内，谁有好弓，堪我牵挽，禁我气力。'时净饭王心怀欢喜，即报言：'有。'太子问言：'大王，言有今在何处？'王报太子：'汝之祖父，名师子颊，彼有一弓，见在天寺……'太子语言：'大王，速疾遣取弓来。'是时使人，将彼弓来。既至众中先持授，于一切释种诸童子辈所执之者，不能施张。况复欲挽。……是时太子施张彼弓右手执箭，出现如是微妙身力，牵挽彼箭，平胸而射，过阿难陀及提婆达乃至大臣摩诃那摩三人等鼓，其箭射逯十拘卢奢所安置处，

①万庚育：《敦煌莫高窟第 61 窟壁画〈佛传〉之研究》，敦煌文物研究所编《1983 年全国敦煌学术讨论会文集·石窟艺术编（上册）》，甘肃人民出版社，1985 年，第 138、139 页。

皆悉洞过，没于虚空。……是时彼地，相去不远，自然而有多罗树行，其中或有诸释童子，用一箭射，即穿过于一多罗树，或有穿过二多罗树，或三或四及过五者。是时太子执箭一射，即便穿过七多罗树，彼箭穿七多罗树已，箭便堕地，碎为百段。时诸释种，复更别立铁猪之形，其内或有释种童子，执箭射一铁猪形过或二三四，及过五者。太子执箭一射，便穿七铁猪过，七猪过已，彼箭入地，至于黄泉，其箭所穿入地之处，即成一井，于今人民常称箭井。时诸释族，复更立于七口铁瓮，满中盛水，其中或有释种童子，熟烧箭镞，极令猛赤，而用射于一铁瓮彻，或二或三止至四五。太子执彼烧热赤箭一射，便过七铁水瓮，去瓮不远，即有一大娑罗树林，其箭过已，悉烧彼林，一时荡尽。……如是种种，或试音声，或试歌舞，或试相嘲，或试漫话戏谑言谈。……博弈搏蒲，围棋双六，握槊投壶，掷绝跳坑，种种诸技，皆悉备现。……时彼场内所有人民，观看之者，悉唱呼呼叫唤之声。"①从经文内容可以看出悉达多太子与众释子为争婚而进行的射术比赛具有很明显的表演性和娱乐性。

在我国史书中，有很多关于射箭比赛记载。《北齐书·綦连猛传》就记述有北齐大将綦连猛用高强射术战胜梁朝射箭高手的故事。"五年（547年），梁使来聘，云有武艺，求访北人，欲与相角。世宗遣猛就馆接之，双带两鞬，左右驰射。兼共试力，挽强，梁人引弓两张，力皆三石，猛逐并取四张，迭而挽之，过度。梁人嗟服之。"②《北史·魏诸宗室常山王遵传》记载："初，孝武在洛，于华林园戏射，以银酒卮容二升许，悬于百步外，命善射者十余人共射，中者即以赐之。顺发矢即中，帝大悦，并赏金帛。顺仍于箭孔处铸一银童，足蹈金莲，手持铲炙，遂勒背上，序其

①《大正藏》第3册，第710、711页。
②《北齐书》，中华书局，1972年，第540页。

射工。"①其性质为"戏射"，射击目标为盛酒的"银酒卮"，还给获胜者颁奖"金帛"，另外还在"箭孔处"铸"足蹈金莲，手持铲炙"的"银童"作为纪念，可见此射箭活动具有表演性和娱乐性。

又据《北史·魏本纪》记载，魏太武帝时期："秋七月，筑马射台于长川，帝亲登台走马。王公诸国君长驰射中者，赐金锦缯絮各有差。""秋七月己卯，筑坛于祚岭，戏马驰射，赐射中者金锦缯絮各有差。"②其比赛形式为"戏马驰射"，"射中者"分别给予不同的赏赐。虽然这些射箭活动也具有一定的军事训练性质，但同时亦具有一定的表演性和娱乐性。

其实，具有表演性和娱乐性的射箭活动可以追溯到更早，如春秋时期便流行的与饮宴、乐舞相结合的娱乐性射礼。据《礼记·射义》记载："射者，男子之事也，因而饰之礼乐也。故事之尽礼乐，而可数为，以立德行者，莫若射，故圣王务焉。"③这种射箭活动中贯穿了道德礼仪观念和规则，要按照一定的礼仪和规则进行，因此必然具有一定的表演性，同时也要让观者愉悦，故也具有一定的娱乐性。

现代的射箭活动已失去了过去的狩猎和军事目的，逐渐演变为体育活动和娱乐活动。敦煌壁画中的射箭图像资料十分丰富，大多反映的是当时的狩猎场面或军事场面，具有表演性和娱乐性的射箭场面虽然相对较少，但却生动地反映了射箭活动逐步演变为体育活动和娱乐活动的过程。

作弹以守之，绝鸟兽之害

弹弓是男孩子最喜欢的玩具之一，直至 20 世纪 60 年代仍很常见。弹弓多为儿童自己所制，一般是用剥去皮的小树丫杈为弓

①《北史》，中华书局，1974 年，第568页。
②《北史》，中华书局，1974 年，第43、44 页。
③吴树平等点校：《十三经全文标点本（上）》，北京燕山出版社，1991 年，第 953、954 页。

身，也有用粗铁丝弯制成弓身的，然后在其丫顶各系一根长短相等的皮筋，再连接一块包皮。制作弹弓能培养孩子的动手能力，而打弹弓则能锻炼孩子的瞄准等技能。

弹弓的起源可以追溯到春秋时期。据赵晔《吴越春秋·勾践阴谋外传》记载："古者人民朴质，饥食鸟兽，渴饮雾露，死则裹以白茅，投于中野。孝子不忍见父母为禽兽所食，故作弹以守之，绝鸟兽之害。"①春秋时期以前的人亡故之后，用白茅裹尸，投弃于荒野，而当时有一孝子不忍看父母为禽兽所食，便持弓作弹看守，以防尸体被鸟兽所噬。

又据《西京杂记》卷四记载："韩嫣好弹，常以金为丸，所失者日有十余。长安为之语曰'苦饥寒，逐金丸'。京师儿童，每闻嫣出弹，辄随之。望丸之所落，拾取焉。"②汉武帝的宠臣韩嫣生活放荡无度，挥金如土，好用弹弓打鸟，以为嬉戏。每至郊外打鸟，都要用去金弹丸十数枚，以夸其豪富。都城百姓，生活饥寒困苦，因此每当韩嫣出外打鸟时，许多穷苦百姓的孩子便尾随其后，争拾金弹丸。

儿童以打弹弓为游戏的记载，则见于韩婴《韩诗外传》卷十："黄雀方欲食螳螂，不知童子挟弹丸在下，迎而欲弹之。童子欲弹黄雀，不知前有深坑，后有窟也。"③

敦煌壁画中尚未发现玩耍弹弓的画面，但藏经洞出土文献中则有颇为有趣的记载。如 P.2598v 是晚唐时期敦煌归义军政权颁发的一份榜文，文云："常年正月廿三日为城隍攘（禳）灾却贼，于城四面安置白伞法事道场者。右敦煌一郡本以佛法拥护人民，访闻安伞之日，多有无知小儿，于弹弓打运，趁不放（防）时囗事，兼打师僧及众人，眼目伤损。今固晓示，切令禁断，……恐众不

① （汉）赵晔：《吴越春秋·勾践阴谋外传》，《丛书集成初编》，中华书局，1985年，第196页。

② （晋）葛洪撰，周天游校注：《西京杂记》，三秦出版社，2005年，第175页。

③ （西汉）韩婴：《韩诗外传（二）》，《丛书集成初编》，中华书局，1985年，第134页。

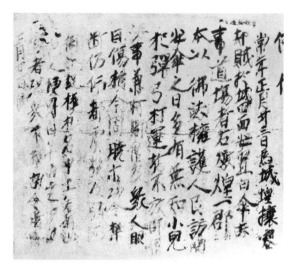

图 3-8　P.2598v 正月廿一日榜文

□，故令。□□正月廿一日。"（图 3-8）孩子们打弹弓，扰乱道场，伤人眼目，使归义军衙府不得不出面制止，并为此专门贴出告示。由此可见孩子们玩耍弹弓当时在敦煌非常普遍。

投壶，射礼之细也

投壶，在我国已有悠久的历史，早在三千多年前的周代就已经是贵族间友好往来时的一种仪式内容。投壶是游戏，通常在宴会上作为娱悦宾客的重要活动进行。同时，它又与礼并存。投壶属于射击类活动，据《投壶仪节》中记载："投壶，射礼之细也，燕而射，乐宾也。庭除之间，或不能弧矢之张也，故易之以投壶，是故投壶射类也。"[1]其使用的工具如《礼记·投壶》记载："筹，室中五扶，堂上七扶，庭中九扶。算长尺二寸。壶，颈修七寸，腹修五寸，口径二寸半，容斗五升。壶中实小豆焉，为其矢之跃而出也。壶去席二矢半。矢以柘若棘，毋去其皮。"[2]游戏时一般在较远的地方用筹对准目标投射，如晋孙盛《晋阳秋》记载："王胡之善于投壶，言手熟闭目。"[3]《晋书》也有记载："石崇有妓，善投壶，隔屏风投之。"[4]

春秋战国时期，诸侯宴请宾客时的礼仪之一就是请客人射箭。那时，成年男子不会射箭被视为耻辱，主人请客人射箭，客人是不能推辞的。后来，因为有的客人确实不会射箭，就用箭投酒壶代替。久而久之，投壶就代替了射箭。《左传·昭公十二年》记载

① （明）汪禔：《投壶仪节》，《丛书集成初编》，中华书局，1985年，第13、14页。
② 吴树平等点校：《十三经全文标点本（上）》，北京燕山出版社，1991年，第935页。
③ （宋）李昉等：《太平御览（第四册）》，中华书局，1960年影印本。
④ （宋）李昉等：《太平御览（第四册）》，中华书局，1960年影印本。

了公元前 533 年的故事："晋侯以齐侯宴，中行穆子相。投壶，晋侯先，穆子曰：'有酒如淮，有肉如坻。寡君中此，为诸侯师。'中之，齐侯举矢，曰：'有酒如渑，有肉如陵。寡人中此，与君代兴。'亦中之。"[1]意思是说：齐侯景公入晋国贺晋嗣君即位，席间，行投壶之礼，赋诗助兴。他们各自炫耀自己国家肉山酒海，国富民强，堪当霸主，一场投壶游戏最终演变成了政治斗争，结果闹得不欢而散。这就是历史上有名的"斗壶"故事。

河南南阳沙岗店出土的汉画像石中，有一幅投壶游戏的画面。画面中间刻一壶，壶旁放一酒樽，上置一勺。壶左右各一人，每人已投一箭入壶，其怀中各抱三矢，手各执一矢，正全神贯注地准备向壶内投掷。左边一人身体前倾，头低垂，坐于地，已喝醉，旁有一人搀扶，似为投壶的失败者，已被罚下场去。右边一人似为司射（即投壶的裁判），他手里拿着一木质的兽形器"筹"，用来计算投入壶中的矢的数目（图 3-9）。

在敦煌壁画中也有投壶游戏的画面。莫高窟五代第 61 窟第 21 扇屏风画上部为太子与释子砍多罗树，中部为太子与释子相扑，下部左侧为投壶。图中太子与四释子围绕一台，台右上角有一壶，即太子与释子投壶；下部右侧为太子与一释子下围棋，有四释子

① 吴树平等点校：《十三经全文标点本（下）》，北京燕山出版社，1991 年，第 1476 页。

图 3-9　河南南阳汉画像石　投壶

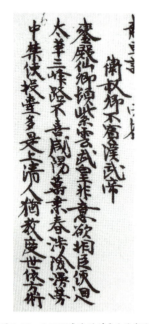

图 3-10　P.3866《涉道诗》(局部)

图 3-11　晚唐第 9 窟中心柱南侧平顶　探筹图

在侧观棋。据《佛本行集经·角术争婚品》经文记载："或画草叶，和合杂香，博弈摴蒱，围棋双六，握槊投壶，掷绝跳坑，种种诸技，皆悉备现。如是技能，所试之者，而一切处，太子皆胜。"①不过，该壁画画面现在已经模糊不清。

敦煌文献 P.3866 李翔《涉道诗·卫叔卿不宾汉武帝》中也有关于投壶的记载："銮殿仙卿顿紫云，武皇非意欲相臣。便回太华三峰路，不喜咸阳万乘春。涉险漫劳中禁使，投壶多是上清人。犹教度世依方术，莫恋浮华误尔身。"(图 3-10)

需要注意的是，敦煌壁画中有些看起来像投壶的画面，实际上表现的并非投壶的场景，如莫高窟晚唐第 9 窟主室中心柱南侧平顶，依据竺法护译《大宝积经·密迹金刚力士会》绘"密迹金刚力士经变"。在该经变画下部的画面中绘有一巨大的宝瓶，瓶口盛数根筷状的细棒；宝瓶两侧各站立两个身穿大袖长袍的俗装人物，

①《大正藏》第 3 册，第 710、711 页。

其中宝瓶右侧有一人正用左手去取瓶口的一根细棒（图3-11）。对于这个画面，有学者曾多次谓之"投壶图"[1]。但事实上，该经变画中的宝瓶和俗装人物等内容，描绘的是《大宝积经》卷九《密迹金刚力士会》关于贤劫千佛于宿世抽签决定名号和兴世次第的内容，即经文中"令诸太子各各探筹"的情景[2]。单就画面图像而言，这幅图应该谓作"探筹图"或"抽签图"。

空中球势杖前飞

打马球，古代又叫"击鞠""击球""打球"，是骑在马上以杖击球入门的一种竞技运动游戏，要求参与者必须具有高超的骑术与球技。

关于马球的起源，众说纷纭，或云源于波斯（今伊朗），唐代经阿拉伯传至吐蕃（今西藏），而后流行于中原地区；或云源起西藏，后由西藏向西、向东扩散。也有人根据曹植《名都篇》中"连翻击鞠壤，巧捷惟万端"之句，认为"击鞠"至迟在东汉时期便在中原出现[3]。

马球在唐代盛行是毫无疑问的。据《封氏闻见记》卷六记载："太宗常御安福门，谓侍臣曰：'闻西蕃人好为打球，比亦令习，会一度观之，昨昇仙楼有群蕃街里打球，欲令朕见，此蕃疑朕爱此，骋为之。以此思量，帝王举动，岂宜容易，朕已焚此球以自诫。'景云中，吐蕃遣使迎金城公主，中宗于梨园亭子赐观打球。吐蕃赞咄奏言：'臣部曲有善球者，请与汉敌。'上令仗内试之，决数都，吐蕃皆胜。""能者左萦右拂，盘旋宛转，殊可观，然马或奔逸时致伤毙。……打球一则损人，二则损马。"[4]

又，据《旧唐书》卷十二记载，德宗也喜好击鞠，"贞元元

① 李重申：《敦煌古代体育文化》，甘肃人民出版社，2000年，第151、152页；李重申、李金梅：《忘忧清乐：敦煌的体育》，甘肃教育出版社，2007年，第116、117页；李金梅、李重申：《丝绸之路体育图录》，甘肃教育出版社，2008年，第340、341页。
②《大正藏》第11册第51页。
③ 崔乐泉：《体育史话》，中国大百科全书出版社，2000年，第22页。
④（唐）封演：《封氏闻见记》，《丛书集成初编》，中华书局，1985年，第74、75页。

图 3-12　唐李贤墓墓道西壁　马球图（局部）

年……二月……寒食节，上与诸将击鞠于内殿"[1]。

穆宗、敬宗更热衷于击鞠，据《新唐书》卷八记载，穆宗于"长庆元年……二月乙亥，观乐于麟德殿。丙子，观神策诸军杂伎。……辛卯，击鞠于麟德殿。""长庆二年十二月，穆宗因击球暴得疾，不见群臣者三日。""四年正月，穆宗崩。"敬宗于"二月……丁未，击鞠于中和殿。戊申，击鞠于飞龙院。……己酉，击鞠，用乐。……四月丙申，击鞠于清思殿。"[2]

陕西省西安市李贤墓壁画中保存有非常形象生动的"马球图"，真实反映了唐代马球的兴盛状况。该墓道西壁所绘的"马球图"中，描绘了二十多名骑士打马球的场景。其中着重描绘了几名骑士紧张夺球的瞬间，最前一人乘枣红马，手持月牙形球杖，作反身击球状，后面几人则纵马迎击（图 3-12）；随后，有大队人

①《旧唐书》卷12，中华书局，1975年，第348页。
②《新唐书》卷8，中华书局，1975年，第223、227页。

马簇拥着竞相争来；远处，落伍的数名骑士，穿行于山峦之间。整幅画面情趣盎然。

唐宋时期，敦煌地区也流行打马球运动。据敦煌文献记载：（1）当地设有球场，如敦煌研究院 001 号、P.2639《归义军衙内酒破历》（图 3-13）载："（四月）十九日，寒食座设酒叁瓮，支十乡里正纳球场酒半瓮。"（2）用马球招待天使及来往官员，如 P.3451《张淮深变文》（图 3-14）载："诏赐尚书，兼加重锡，金银器皿，锦绣琼珍，罗列球场，万人称贺，……球场宣诏喻（谕），敕书褒奖……，安下既毕，日置歌筵，球乐宴赏，无日不有。"（3）当地名士多善击球，如 P.2568《张延绶别传》（图 3-15）记载："（张延绶）又善击球，□□莫敌（会昌时□州节度张君绪能对御打球）。"

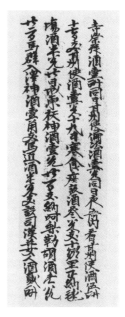

图 3-13 敦研 001 号《归义军衙内酒破历》（局部）

图 3-14 P.3451《张淮深变文》（局部）

图 3-15　P.2568《张延绶别
传》（局部）

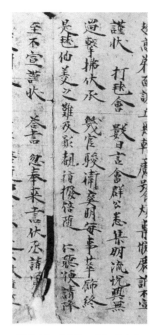

图 3-16　S.5636《打球会》

图 3-17　S.1366《庚辰至壬午年（980～
982 年）归义军衙内面油破历》

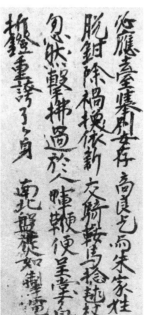

图 3-18　P.2544《杖前飞》　　图 3-19　S.5439《捉季布传文》（局部）　图 3-20　P.3702《儿郎伟》（局部）

（4）有邀请打球的书状，如 S.5636《打球会》（图 3-16）记载："数日言会，群公悉集，朋流悦兴，无过击拂。……便请降至。"有纳球杖的账目，如 S.1366《庚辰至壬午年（980～982 年）归义军衙内面油破历》（图 3-17）："支孔法律纳球仗（杖）面一斗，油一升。"

敦煌文献中还记载有球场中马球比赛的情景。如 S.2049、P.2544《杖前飞·马球》（图 3-18）："时仲春，草木新，初雨后，露无尘。林间往往林（临）花鸟，楼上时时见美人。相唤同情共言语，闲闷结伴□（游）球场。传中手执白玉鞭，都史乘骑紫骝马。青一队，红一队，轲背铃（玲）笼（珑）得人爱。前回断当不盈（赢）输，此度若输后须赛。脱绯紫，著锦衣，银镫金鞍耀日晖。场里尘非（飞）马后去，空中球势仗（杖）前飞。求（球）四（似）星，仗（杖）如月，骤马随风直充（冲）穴。人衣湿，马汗流，传声相问且须休。或为马乏人力尽，还须连夜结残筹。"又如 S.5439《捉季布传文》（图 3-19）中亦云："交（教）骑鞍马捻球杖，忽然击拂过于人。"P.3702《儿郎伟》（图 3-20）也记载："此至正月十五夕，球场必见喜[鼓]声。"

颇为有趣的是，敦煌还有骑驴击球的活动，更为有趣，更具观赏性。如 S.1477《祭驴文》（图 3-21）记载："教汝托生之处，……莫生军将家，打球力虽（须）摊。"反映了当时骑驴击球的情景。

如此等等，均可见当时的马球活动具有很强的表演性和娱乐性。

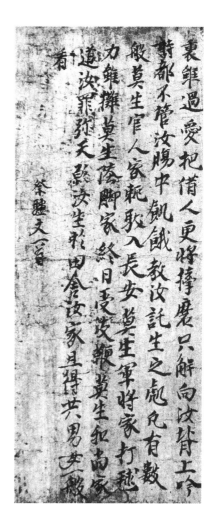

图 3-21　S.1477《祭驴文》（局部）

图 3-22　五代第 100 窟西龛下部　曹议金出行图·执球杖供奉官

　　随着马球活动的流行，马球器具也得到了发展。拿球杖来说，就有木制的、藤制的，如敦煌文献 P.3410《年代未详（840年）沙州僧崇恩处分遗物凭据》记载："藤裹（球）杖壹，绢扇壹柄。"而且还有做工考究的白牯皮球杖，如《金史》卷一百《列传》三十五"术虎筠寿"条记载："术虎筠寿，贞祐间为器物局直长，迁副使。贞祐三年七月，工部下开封市白牯取皮治御用鞠仗（杖）。筠寿以其家所有鞠仗（杖）以进，因奏曰：'中都食尽，远弃庙社，陛下当坐薪悬胆之日，奈何以球鞠细物动摇民间，使屠宰耕牛以供不急之用？非所以示百姓也。'宣宗不怿，掷杖笼中。明日，出筠寿为桥西提控。"[1]

　　当时的球杖还注重装饰性，如《宋史》卷一百四十八《志》

第一百〇一《仪卫》载："球杖，金涂银裹，以供奉官骑执之，分左右前导。"[1]莫高窟五代第100窟西龛下部的《曹议金出行图》和《回鹘公主出行图》中各绘有一身执球杖供奉官。供奉官头戴展脚幞头，身穿圆领宽袖缺胯衫。参照人物比例，供奉官双手所捧的球杖长度大约为60厘米，杖杆粗约1.5厘米，杖头为弯弧形，状如一勾新月（图3-22）。五代第61窟东壁的《维摩诘经变》中也绘有两身执球杖供奉官。图中的供奉官头戴翘脚幞头，身穿圆领长袍，下摆系在腰带内，右手在胸前握举一球杖。参照人物比例，该球杖长度大约120厘米，杖杆粗约2厘米，杖头为弯弧形，状如一勾新月，前端宽扁，亦如蛇头（图3-23）。

敦煌壁画中所绘球杖的长度和形状，正如《金史》卷三十五《礼志》八"拜天"条云："已而击球，各乘所常习马，持鞠杖。杖长数尺，其端如偃月。"[2]亦如《杖前飞·马球》中所说的"仗（杖）如月"。当时也有专门以精制球杖为生的人。如《唐摭言》卷三《慈恩寺题名游赏赋咏杂纪》云："苏校书者，好酒，唱《望江南》。善制球杖，外混于众，内潜修真，每有所阙，即以球杖干于人，得所酬之金以易酒。"[3]

关于执球杖供奉官，据《宋史》卷一百四十五《志》第九十八

①《宋史》，中华书局，1985年，第3470页。
②《金史》，中华书局，1975年，第827页。
③（唐）杜光庭：《录异记》，《古今图书集成》卷802《博物汇编·艺术典·蹴鞠部外编》，中华书局影印本。

图3-23 五代第61窟东壁 维摩诘经变·执球杖供奉官

①《宋史》，中华书局，1985年，第3402页。

《仪卫》记载："景祐五年，贾昌朝言仪卫三事：一曰南郊卤薄，车驾出宫诣郊庙日，执球杖供奉官于导驾官前分别迎引，至于斋宫。夫球杖非古，盖唐世尚之，以资玩乐。其执之者皆褒服，锦绣珠玉，过于侈丽，既不足以昭文物，又不可以备军容。常时豫游，或宜施用。方今夙夜斋戒，亲奉大祀，端冕颙昂，鼓吹不作，而乃陈戏赏之具，参簪绅之列，导迎法驾，入于祠宫。稽诸典仪，未为允称。况导驾官两省员悉备，何烦更有此色供奉官，谓宜撤去球杖，俟礼毕还宫，鼓吹振作，即复使就列。"① "卤薄"指皇帝的车驾、侍卫和仪仗，"郊庙"指古帝王祭天地的郊宫和祭祖先的宗庙。这段记载说明，宋代皇帝出行前往祭天地的郊宫和祭祖先的宗庙时，有执球杖的供奉官在车驾、侍卫和仪仗队伍前面"分列迎引"；并强调球杖为唐朝流行的一种"以资玩乐"的游艺活动。

古代敦煌地区进行马球比赛的球场旁，还建有楼台、亭子等设施。如P.3773《凡节度使新受旌节仪》（图3-24）记载："天使上亭子，排比……就球场断一……"又如S.6171《宫词·水鼓子》（图3-25）记载：

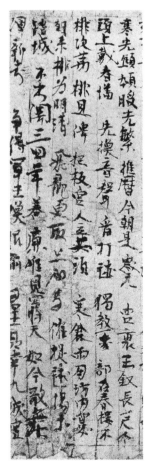

图 3-24　P.3773《凡节度使新受旌节仪》（局部）　　图 3-25　S.6171《宫词·水鼓子》（局部）

"先换音声看打球，独教□部在青楼。不排次第排恩泽，把板宫人立上头。寒食两日坊内宴，朝来排□为清明，飞龙更取□州马，催促球场下踏城。"在球场内进行的比赛活动显然具有表演性，而在"亭子""青楼"上观看表演的"天子""宫人"显然是为了娱乐。同时，由于马球比赛要求参与者必须具有高超的骑术与球技，马球活动自然也拥有了较强的表演性和观赏性。

①《全唐诗》第302卷第1首。

马球是一种需要参与者互相配合的集体活动，唐宋时期马球的流行，也体现了那个时代的宽容度和人们团结合作的精神。

寒食宫人步打球

除了骑马、骑驴持杖击球，敦煌地区还有徒步持杖击球的活动，称"步打球"。如榆林窟五代第15窟南壁中，绘一儿童伏跪在莲花座上，左手持一圆球，右手挥举一偃月形的球杖。这幅图不仅表现了当时的儿童游戏内容，同时也是反映唐宋时期步打球活动的珍贵图像资料（图3-26）。

步打球，又称"步打"，是一种徒步以杖击球的球类运动，类似于今天的曲棍球。步打球是从马球活动发展演变而来的，除了不骑马之外，跟马球运动大体相似。

有关步打球运动的最早记载，见于唐朝代宗大历十年（775年）考中进士的王建所作的《宫词》。诗中云："殿前铺设两边楼，寒食宫人步打球。一半走来争跪拜，上棚先谢得头筹。"①描写了当时寒食节宫人到宫殿前为皇帝表演步打球的情景。

图3-26　榆林窟五代第15窟南壁　童子击球

"一半走来争跪拜，上棚先谢得头筹"说明当时的步打球为两队竞赛，两队人数相同，所以称"一半"。"得头筹"后"一半走来争跪拜"，就是胜第一个球的队伍要走到皇帝面前去跪拜，然后继续比赛。最后，进球多的队伍获胜，胜者有赏。

唐代有一种"打毬乐"舞。明末清初胡震亨《唐音癸签》中有记载："舞衣四色，窄绣罗襦。银带簇花，折上巾，顺风脚，执球杖。贞观初，魏郑公奉诏造，其调存焉。"[①]有学者认为，"打毬乐"即"步打毬乐"的简称，只是省去一个"步"字；而"打毬乐"的伴奏舞曲，到唐玄宗时被改为"羯鼓曲"。

唐代女诗人鱼玄机也有一首名为《打球作》的诗："坚圆净滑一星流，月杖争敲未拟休。无滞碍时从拨弄，有遮栏处任钩留。不辞宛转长随手，却恐相将不到头。毕竟入门应始了，愿君争取最前筹。"[②]鱼玄机的诗中因为没有提及马，故应是描写步打球。从诗中的描写可以了解到步打使用的球是硬木制成的，杖击后像流星一样飞窜。步打使用的球杖称"月杖"，即杖头弯曲，也可谓作偃月状，与打马球时用的球杖类似。

步打球在唐代以后也流行了很长一段时间。到宋代，步打又称为"步击"。有学者认为，步打球到宋代逐渐发展为捶丸。《宋史·礼志》中有一段描述了当时进行步打球的情景，在记述了宫廷马球竞赛的情况后，接着写道："又有步击者、乘驴骡击者，时令供奉者朋戏以为乐云。"[③]反映出步打球是当时宫廷中经常进行的表演活动。在元至元十九年（1282年）出现的《丸经》中，对宋元时期的捶丸游戏作了全面系统的记叙和总结，并述及捶丸的发展史，其《丸经集序》载："捶丸，古战国之遗策也。粤若稽古，庄子之书。昔者楚庄王偃兵宋都，得市南勇士熊宜僚者，工

①（明）胡震亨：《唐音癸签》，上海古籍出版社，1981年，第157页。
②《全唐诗》第804卷第12首。
③《宋史》，中华书局，1985年，第2842页。

于丸。……至宋徽宗、今章宗皆爱捶丸。"①不过，这段文字并不能说明捶丸源自步打球。

关于儿童击球的文字记载，见于宋代范公偁《过庭录》："腾甫元发，视文正为皇考舅，自少侍文正侧，文正爱其才，待如子。……（腾）爱击角毬，文正每戒之，不听。一日，文正寻大郎肄业，乃击毬于外，文正怒，命取毬，令小吏直面以铁槌碎之。毬为铁所击起，中小吏之额，小吏护痛间，腾在旁拱手微言曰：'快哉！'文正亦优之。"②文中小少爷腾甫元发所玩的球名为"角球"，用铁槌都不能轻易砸碎，可能是用动物的角制成。文中未提及马、驴等动物，故可能是以步行方式持杖击球。

唐和五代时期，敦煌地区的儿童也热衷球类游戏。如 S.2947、P.3821《丈夫百岁篇》云："一十香风绽藕花，弟兄如玉父娘夸。平明趁伴争球子，直到黄昏不忆家。"有学者认为这里的"争球子"是打马毬，也有学者认为是蹴鞠，但也不排除是步打球。不管是什么，都可见当时敦煌地区的球类活动很盛行，孩子们的游戏受此影响也是必然的。

从图像资料也可以看出唐和五代时期盛行步打球。大约在公元 8 世纪，步打球便东传到了日本："唐代'步打球'的形象，被织在两条唐代的花毡上。这两条花毡现保存在日本古都奈良东大寺佛殿西北的正仓院的北仓中。花毡上各长 2.36 米，宽 1.24 米，中央各织着一个儿童，儿童的周围织着花朵。一条花毡上织的儿童，左手拿着曲棍作接球状。据日本学者考证，花毡系唐代制品"③。有学者认为这是我国儿童击球最早的图像资料④。

儿童玩步打球的图像资料，在新疆吐鲁番交河古城出土的唐代《鬼子母》残绢画（现藏于柏林国立美术馆）中更为形象生动。

① （明）汪禔：《投壶仪节》，《丛书集成初编》，中华书局，1985 年，第 1 页。
② （宋）范公偁：《过庭录》，《丛书集成初编》，中华书局，1985 年，第 27 页。
③ 林伯原等编著：《中国体育史（上册）》，北京体育学院出版社，1989 年，第 197 页。
④ 麻国钧、麻淑云：《中国传统游戏大全》，农村读物出版社，1990 年，第 322 页。

画面中身穿红袍的鬼子母为一慈祥的中年妇女，怀抱一婴儿侧身坐在凳子上，两侧共有八身小顽童，其中有四个孩子正在玩步打球：其左侧底部第一个孩子站立高举双手，右手挥舞一根顶部弯曲的长棍；左侧从下往上的第二个孩子站在鬼子母坐的凳子上，弯腰侧身，左手拿着竖立的一根长曲棍，右手朝下紧握一红色小球，似乎正准备抛球；妇女右侧上方的第一个孩子蹲坐着，正用左手往下抛一个红色小球，下面站的第二个孩子右手高举一根长曲棍作接球状。整个画面栩栩如生，是一幅颇为生动有趣的儿童玩步打球图（图 3-27）。

榆林窟五代第 15 窟南壁所绘的儿童玩球形象，与交河古城出土的唐代《鬼子母》中儿童玩球形象相比，其蹲伏的挥杖姿态更显得憨态可掬，具有更多的童趣。

另外，郑州市上街区峡窝镇 2007 年出土的一件唐代青花塔形罐，腹部也绘有一幅"步打球图"。图中有一童子叉腿而立，右腿微曲，左手正挥舞一根弯形球杆，腰部左侧前方有一圆球（图 3-28）。

图 3-27　交河古城出土唐代残绢画　《鬼子母》　柏林国立印度美术馆藏（引自《中国历史文物》图版 5，2009 年第 2 期）

又，1972 年 11 月辽宁省朝阳县前窗户村辽墓出土的一件鎏金银童戏大带上，装饰有一组高浮雕状的童子游戏图画。其中有几个孩童正挥舞偃月形球杖，击玩步打球（图 3-29）。

图 3-28　郑州市出土青花瓷罐　童子击球

从文献记载和图像资料来看，唐宋时期的步打球主要流行于妇女和儿童之间，与当时更为流行的马球活动相比，体现了不同运动方式与参与者体质的关系，也说明了步打球是从马球活动发展演变而来的。

至于步打球与捶丸之间的关系，有学者认为："捶丸是由马球、步打球发展演化而来的。打马球不骑马，成了步打球；步打球不设球门而设球窝，就成了捶丸。"[①]

许多学者非常关注古代步打球、捶丸与现代曲棍球、高尔夫球之间的关系，认为"步打球同现代国际上流行的曲棍球相似"。《丸经》中叙述的捶丸的场地、用具、规则等情况同近现代流行于世界的高尔夫球十分相近。中国的捶丸又至少比西方出现高尔

图 3-29　辽宁省朝阳县前窗户村辽墓出土　鎏金银童戏大带　辽宁省朝阳市博物馆藏

① 毕世明：《体育志》，上海人民出版社，1998 年，第148 页。

夫球的时间早 300 年到 500 年。因此，完全有理由推论，西方的高尔夫球是中国的捶丸流传过去的。"[1]

而我们更为关注的是，曾在中国宫廷和民间广泛流行了千余年的步打球、捶丸，大概在清代便销声匿迹了。

寻橦不比诸余乐

橦技，也就是竿技，主要有顶杆和爬竿两种。顶杆，古代称"戴竿""竿木""寻橦""都卢寻橦""透橦"等，爬竿则称"缘橦"。

橦技是古代百戏之一，是一种难度很高的活动。有关橦技的文献记载甚多，如东汉张衡《西京赋》记载："临迥望之广场，程角抵之妙戏。乌获扛鼎，都卢寻橦。……尔乃建戏车，树脩旃。侲僮程材，上下翩翻。突倒投而跟絓，譬陨绝而复联。百马同辔，骋足并驰。橦末之伎，态不可弥。"[2]

又如陆翙《邺中记》记载："有额上缘橦，至上鸟飞，左回右转，又以橦着口齿上，亦如之。设车马，立木橦其车上，长二丈，橦头安横木，两伎儿各坐木一头，或鸟飞，或倒挂。"[3]

又，《魏书》卷一百零九《乐志》记载："（天兴）六年冬，诏太乐、总章、鼓吹增修杂伎，造五兵、角抵、麒麟、凤凰、仙人、长蛇、白象、白虎及诸畏兽、鱼龙、辟邪、鹿马仙车、高絙百尺、长趫、缘橦、跳丸、五案以备百戏。大飨设之于殿庭，如汉晋之旧也。"[4]

又，《隋书》卷十五《音乐志》记载："及大业二年，突厥染干来朝，炀帝欲夸之，总追四方散乐，大集东都。……以绳系两柱，相去十丈，遣二倡女，对舞绳上，……又为夏育扛鼎，取车轮石臼大瓮器等，各于掌上而跳弄之。并二人戴竿，其上有舞，

① 毕世明：《体育志》，上海人民出版社，1998 年，第147、150 页。
② 张启成、徐达主编：《汉赋今译》，贵州人民出版社，2001 年，第112、118 页。
③（晋）陆翙：《邺中记》，《丛书集成初编》，中华书局，1985 年，第4 页。
④《魏书》，中华书局，1974 年，第2828 页。

忽然腾透而换易之。"①

唐代橦技尤为盛行，如崔令钦《教坊记》云："教坊一小儿，筋斗绝伦，……缘长竿上，倒立，寻复去手，久之，垂手抱竿，翻身而下。"②又如苏鹗撰《杜阳杂编》卷中记载："上降日，大张音乐，集天下百戏于殿前。时有妓女石火胡，本幽州人也。挈养女五人，才八九岁，于百尺竿上，张弓弦五条，令五女各居一条之上。衣五色衣，执戟持戈，舞《破阵乐》曲。俯仰来去，赴节如飞，是时观者目眩心怯。火胡立于十重朱画床子上，令诸女迭踏以致半空，手中皆执五彩小帜，床子大者始一尺余。俄而手足齐举，为之踏浑脱，歌呼抑扬，若履平地。上赐物甚厚。文宗即位，恶其太险伤神，遂不复作。"③

在唐代文人的诗文中，有很多咏"橦技"的名篇，如王建《寻橦歌》、顾况《险竿歌》、柳曾《险竿行》、元载客《都卢缘橦歌》、金厚载《都卢寻橦赋》、张楚金《透橦童儿赋》等等。如王建《寻橦歌》咏道："人间百戏皆可学，寻橦不比诸余乐。……身轻足捷胜男子，绕竿四面争先缘。习多倚附欹竿滑，上下蹁跹皆著袜。翻身垂颈欲落地，却住把腰初似歇。大竿百夫擎不起，袅袅半在青云里。……险中更险何曾失，山鼠悬头猿挂膝。"④又如顾况《险竿歌》咏道："宛陵女儿擘飞手，长竿横空上下走。已能轻险若平地，……翻身挂影恣腾蹋，反绾头髻盘旋风。盘旋风，撇飞鸟；惊猿绕，树枝裹。头上打鼓不闻时，手蹉脚跌蜘蛛丝。忽雷掣断流星尾，矐睒划破蚩尤旗。"⑤

反映古代橦技活动的图像资料也不少。如山东沂南汉墓画像石中有一幅"橦技图"，画面中一个艺人头额上正顶着一根粗长竿，长竿的上方置一根横木，横木两侧各有一个孩童用脚倒挂在

①《隋书》，中华书局，1973年，第381页。
②（唐）崔令钦撰，罗济平校点：《教坊记》，辽宁教育出版社，1998年，第8、9页。
③（唐）苏鹗：《杜阳杂编》，《丛书集成初编》，中华书局，1985年，第17页。
④《全唐诗》第298卷第61首。
⑤《全唐诗》第265卷第36首。

图 3-30　山东沂南汉画像石　橦技（引自南京博物院等编著：《沂南古画像石墓发掘报告》图版 84，文化部文物管理局，1956 年）

上面，作滚翻表演状；长竿顶端置一平轮，有一孩童平卧在轮上，张开四肢，随轮旋转（图 3-30）。

又如山西省榆社县北魏石棺上刻有"百戏图"，其中也有橦技的场面。画面中一壮汉额头上顶一长竿，长竿上共有四人姿态各异：下方一人用双脚钩住长竿，侧身，双手抱拳举过头顶；其上有一人正在攀竿上爬；长竿上方置一根横木，两侧各有一个孩童用脚倒挂在上面；长竿顶端有一孩子作弯腰仰躺状（图 3-31）。

敦煌壁画中保存了不少当时橦技活动的场面。如中唐第 361 窟南壁《金刚经变》

图 3-31　山西省榆社县出土北魏石棺浮雕　百戏图　山西省博物馆藏

图 3-32　中唐第 361 窟南壁　金刚经变·橦技图

中，三角形帷帐中间有一形体较小的伎人头顶一长竿，长竿顶端有一人正在倒立表
演。帷帐左侧有一乐伎在吹横笛，右侧有一人双手伸向帷帐中间，作指挥导引状，
似乎在表演魔术（图 3-32）。

　　又如晚唐第 156 窟北壁《宋国夫人出行图》中，绘有一以橦技为主的大规模百
戏表演场景。图中一伎人头顶长竿，长竿上共有四个身着犊鼻裤的孩童，中段的孩
童用双脚夹竿，双手张开；长竿上有一横木，两侧各有一孩童，或只用一只手悬挂，
或反身用双脚倒钩；竿顶端一孩童双手撑竿作水平俯卧状。四个孩童身轻如燕，分
别表演不同的惊险动作，旁边还有一手持长竿者作导引指挥，周围还有奏乐和歌舞
者（图 3-33）。

　　又，晚唐第 85 窟窟顶东披《楞伽经变》中，三角形帷帐中间有一伎人头顶一

图 3-33　晚唐第 156 窟北壁　宋国夫人出行图·橦技（临本，左图段文杰临）

长竿，一小孩单腿站立在长竿顶端作表演状。帷帐右侧有两个乐伎似手持乐器作演奏状，左侧有一人双手似乎在表演魔术。帷帐前有三人坐在地上，可能是观众（图 3-34）。

　　又，五代第 72 窟南壁《刘萨诃因缘变》中，绘有一伎人左脚站立，右脚弯曲反侧，犹似金鸡独立，头顶一长竿，一儿童在竿顶端倒立翻转，动作优美轻盈。两侧还有或坐或立的乐伎正在演奏各种乐器（图 3-35）。

　　又，五代第 61 窟南壁《楞伽经变》中，三角形帷帐中间竖立一竿，竿头置一圆轮，有两个孩童在圆轮上进行表演。一孩童单脚踩圆轮，另一孩童单脚立在踩圆轮孩童的头上，动作均十分惊险刺激。帷帐旁侧有乐伎或坐或立，在配合橦技表演者演奏各种乐器。画面右侧还绘有一站立者，伸出右手，似乎在指挥整场表演（图 3-36）。

图 3-34　晚唐第 85 窟窟顶东披　楞伽经变·橦技图

图 3-35　五代第 72 窟南壁　刘萨诃因缘变·橦技（临本，左图史苇湘临）

图 3-36　五代第 61 窟南壁　楞伽经变·橦技图

又，宋代第55窟窟顶东披《楞伽经变》中，三角形帷帐中间竖立一竿，竿顶端有一人站立作表演状。帷帐内的长竿两侧各有一人，均只露现上半身，手姿不同，似作表演状。帷帐外两侧各有一人，似在指挥表演。帷帐前坐有四人，似持乐器作演奏状（图3-37）。

另外，晚唐第9窟、宋代第454窟等洞窟的《楞伽经变》中也绘有橦技活动的画面。虽然这些画面的构图基本相同，但对人物等的细节描绘仍有许多有趣的差异，均是珍贵的图像资料。

从艺术形式上看，敦煌壁画中所绘制的"橦技图"基本继承了汉魏石刻的特点，但内容更为丰富和多样化。而从其思想内涵来看，则有所差异。汉魏石刻中的"橦技图"主要是表现墓主人生前的生活情趣以及对未来生活的向往，而敦煌壁画中的"橦技图"，既有表达供养人或画工生活情趣的，如晚唐第156窟《宋国夫人出行图》和五代第72窟《刘萨诃因缘变》中以橦技为主的百戏表演场面，也有借此宣扬佛教思想的，如中唐第361窟《金刚经变》的"橦技图"。中唐第361窟中的"橦技图"宣扬世界上一切事物皆空幻不实，认为"实相者则是非相"，即鸠摩罗什译《金刚般若波罗蜜经》中云："一切有为法，

图3-37 宋代第55窟窟顶东披 楞伽经变·橦技图

如梦幻泡影，如露亦如电，应作如是观。"①晚唐第85窟、五代第61窟等洞窟中《楞伽经变》的"橦技图"也主要宣传佛教"世界万有皆由心所造"的思想，即第85窟相关榜题和佛经所云："大慧，譬如幻师以幻术力，依草木瓦石幻作众生若干色像，令其见者种种分别，皆无真实。大慧，此亦如是。"②

佛经中有不少关于橦技活动的内容，它们为我们进一步理解佛教艺术中的橦技活动画面提供了参考思路。有解释相关词语的，如释湛然《法华文句记》卷二云："橦，谓缘橦，即竿木也。倒，谓掷倒等。"③

有以橦技活动来阐述人与人之间要互相爱护的。如求那跋陀罗译《杂阿含经》卷二十四云："过去世时有缘橦伎师，肩上竖橦，语弟子言：'汝等于橦上下向护我，我亦护汝，迭相护持。'……时，伎弟子语伎师言：'不如所言，但当各各自爱护。……身得无为安隐而下。'伎师答言：'如汝所言，各自爱护，然其此义亦如我说，己自护时即是护他，他自护时亦是护己。……是名自护护他。……名护他自护。"④

有论及佛教天国世界的乾闼婆神中有专门从事橦技表演的。如天台智者大师《妙法莲华经文句》卷二云："四乾闼婆此云嗅香，以香为食。亦云香阴，其身出香，此是天帝俗乐之神也。乐者，橦倒伎也。乐音者，鼓节弦管也。美者，橦倒中胜品者。美音者，弦管中胜者也。"⑤又如释湛然《维摩经略疏》卷二云："乾闼婆此云香阴，此亦凌空之神，不噉酒肉，唯香资阴。又云是天主橦倒乐神，居十宝山。"⑥

有认为凡出家的僧人，便不应该纵情于包括橦技在内的杂耍、歌舞活动的。如后秦佛陀耶舍共竺佛念译《佛说长阿含经》卷

①《大正藏》第8册，第752页。

②实叉难陀译：《大乘入楞伽经》卷2，《大正藏》第16册，第596页。

③《大正藏》第34册，187页。

④《大正藏》第2册，第173页。

⑤《大正藏》第34册，第25页。

⑥《大正藏》第38册，第582页。

十四云："但习战阵斗诤之事，或习刀杖、弓矢之事，或斗鸡犬、猪羊、象马、牛驼诸畜，或斗男女，及作众声：贝声、鼓声、歌声、舞声。缘幢倒绝，种种伎戏，入我法者，无如此事。"[1]又如天台智者大师《妙法莲华经文句》卷八云："有十种应远者，一豪势，二邪人法，三凶险戏，……那罗延者上伎戏，亦云彩画，其身作变异。又云缘幢掷倒之属也。"[2]

也有介绍幢技活动的惊险场面并借此阐述佛教"宇宙万物，虚幻不实"思想的。如《分别功德论》卷四记载，有一个叫朋耆的比丘在未出家时，遇见"一技家女，形容端正世之希有"，便想娶其为妻，但"女家是技种唯技为先。……不贪君财，唯能众技兼备者，便持相与"，"朋耆闻之，即诣技工学于诸技，不经数旬众技兼备"，女家要求当着国王比试技艺，于是"王集众技普试艺术，若最胜者赐金千两。王亦闻此女妙，欲纳之宫里，试之技法缘幢为最。竖幢高四丈九尺，下置刀剑，刃皆上向，间趣容足。时朋耆缘幢于上空旋七匝便下投之空地。王惧失女，诈佯不视，人皆言妙"。国王说没有看见，要朋耆重新表演，于是，"朋耆冒死复缘既至幢头"。最后，"王手自牵女以付朋耆，朋耆曰：'不用此虚诈之物，诳惑世人迷误清直，亡国破家莫不由之。'"[3]

敦煌壁画中的"幢技图"数量多，内容丰富，真实反映了当时的社会生活和佛教思想。

足以蹈天，头以履地

倒立是一种形体技巧活动，也是古代百戏之一。倒立俗称"拿大顶"，汉代称"倒植"，东晋称"逆行"，唐代称"掷倒"，明代称"竖蜻蜓"，等等。

[1]《大正藏》第1册，第89页。
[2]《大正藏》第34册，第120页。
[3]《大正藏》第25册，第43页。

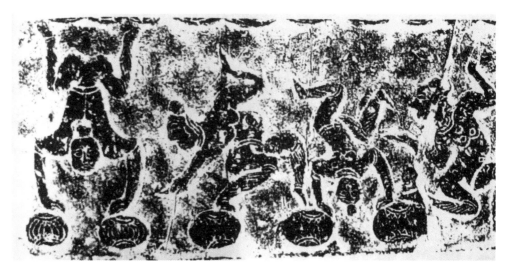

图 3-38　山东济宁市喻屯城南张村出土画像石　乐舞图（引自张道一：《画像石鉴赏》，重庆大学出版社，2009 年，第 176 页）

汉代画像石（砖）中有很多倒立的形象，可谓千姿百态。如山东济宁市喻屯城南张村出土的画像石中有一幅"出行、献俘、乐舞图"，图中刻画了十个半裸的女舞者，头梳高髻，一字形排开，分别做倒立、舞轮、飞剑、跳丸等表演，体态优美。其中表演倒立的几个女子姿势均有所不同（图 3-38、3-39）。

又如河南南阳市宛城区七孔桥出土的画像石中有一幅"樽上倒立图"。图中有两个女伎在一大樽上单手倒立，身姿各异（图 3-40）。

山东嘉祥武氏祠画像石中有一幅"双重倒立图"，则表现了颇为惊险的倒立场景。图中绘有一伎双掌撑地倒立，其左足掌上有一小儿做单手顶悬于空中。由于小腿力弱，下面的演员很不容易支撑，何况上面的演员又是单手撑其足掌，很难掌握重心保持平衡，因此该动作难度很大（图 3-41）。

又如四川彭县出土的画像砖，刻画有一位头梳双髻的女伎在高高重叠的十二案上表演倒立的场景。图中女伎双手着案，弯腰，脚后伸，脸向上，似乎欲望见脚跟（图 3-42）。

又如四川德阳县出土的一块画像砖上刻画有伎者在六案之上表演倒立的场景。

图 3-39　山东济宁市喻屯城南张村出土画像石　乐
　　　　舞图（引自张道一：《画像石鉴赏》，重
　　　　庆大学出版社，2009 年，第 177 页）

图 3-40　河南南阳市宛城区七孔桥出土画像石　樽
　　　　上倒立图（引自张道一：《画像石鉴赏》，
　　　　重庆大学出版社，2009 年，第 200 页）

图 3-41　山东嘉祥武氏祠画像石　双重倒立图（引
　　　　自中华文化通志编委会编：《曲艺杂技志》，
　　　　上海人民出版社，1998 年，第 364 页）

图 3-42　四川彭县出土的画像砖　十二案倒立图
　　　　（引自李淞编著：《汉代人物雕刻艺术》，
　　　　湖南美术出版社，2001 年，第 273 页）

图 3-43 四川德阳县出土汉画像砖 六案倒立图（引自傅起凤、傅腾龙：《中国杂技史》，上海人民出版社，2004 年）

旁边一人手扶叠案，作惊骇状，给人以惊险之感（图 3-43）。

又如山东沂南县北寨村汉画像石中有一幅"走索图"。画面中一座索桥的绳索上有三个人正在进行表演，绳索中间的一人双手撑绳作倒立状。绳索下面立有四把锋利的刀剑，犹如刀山一般，显得甚为惊险（图 3-44）。

还有在奔跑的马背上进行倒立表演的。如河南登封少室石阙汉画像石上便刻有马背上倒立的画面。画面中有一前一后飞奔的两匹骏马，前面的马上有一人用两手和头部支撑在马背上进行倒立表演。飞奔的骏马与马背上的表演者，一动一静，互相映衬，愈显惊险（图 3-45）。

从以上汉画像石（砖）刻画的画面中可以看出，当时的倒立活动大多是与百戏

图 3-44 山东沂南县北寨村汉画像石 走索图（引自张道一：《画像石鉴赏》，重庆大学出版社，2009 年第 188 页）

乐舞结合在一起的，具有很强的表演性和娱乐性。如四川彭县和德阳出土的画像砖上所描绘的叠案倒立表演，便是有关文献中所说的"安息五案"，常与其他娱乐活动一起表演。如晋代陆翙《邺中记》中记载："（石）虎正会，殿

图3-45　河南登封少室石阙汉画像石　马背上倒立（引自傅起凤、傅腾龙：《中国杂技史》，上海人民出版社，2004年，第79页）

前作乐，高絙、鱼龙、凤凰、安息五案之属，莫不具备。有额上缘橦，……橦头安横木，两伎儿各坐木一头，或鸟飞，或倒挂。"[1]

　　东晋至隋唐时期也流行倒立活动，并且仍多与乐舞等娱乐活动结合在一起。如《旧唐书》卷二十九《音乐志》记载："晋成帝咸康七年，散骑侍郎顾臻表曰：'末世之乐，设外方之观，逆行连倒。四海朝觐帝庭，而足以蹈天，头以履地，反天地之顺，伤彝伦之大。'乃命太常悉罢之……苻坚尝得西域倒舞伎。睿宗时，婆罗门献乐，舞人倒行，而以足舞于极铦刀锋，倒植于地，低目就刃，以历脸中，又植于背下，吹筚篥者立其腹上，终曲而亦无伤。又伏伸其手，两人蹑之，施身绕手，百转无已……梁有《长蹻伎》《掷倒伎》《跳剑伎》《吞剑伎》，今并存。"[2]

　　又如唐代崔令钦《教坊记》云："教坊一小儿，筋斗绝伦，……缘长竿上，倒立，寻复去手，久之，垂手抱竿，翻身而下。"[3]在长竿顶端进行倒立表演，将倒立与缘橦相结合，更为惊险，增加了观赏性。

①（晋）陆翙：《邺中记》，《丛书集成初编》，中华书局，1985年，第4页。
②《旧唐书》卷29《音乐志》，中华书局，1997年，第1072、1073页。
③（唐）崔令钦撰，罗济平校点：《教坊记》，辽宁教育出版社，1998年，第8、9页。

① 敦煌文物研究所编著：《中国石窟·敦煌莫高窟（一）》，文物出版社，1982年，第214页。

敦煌壁画中保存有不少反映当时倒立活动的画面。从这些画面可以看出，敦煌地区的倒立活动也多与乐舞之类的娱乐活动结合在一起。敦煌壁画中最早的"倒立图"出现在北魏第251窟。该窟四壁以及中心塔柱塔座下方四周绘药叉数十身，做各种手舞足蹈、顶天立地等动作。其中，在北壁"说法图"下方有一身药叉双掌撑地，昂头，挺胸收腹，屈腿，作倒立状（图3-46）。结合该窟以及北魏第254窟、北周第428窟等洞窟中所绘众多药叉的姿态来看，这身倒立的药叉应该也是在进行百戏表演。

又如西魏第249窟窟顶东披。该披壁画中绘一高鼻深目的力士双手撑地，挺胸，塌腰，屈腿，正在倒立，即"胡人与乌获现百戏。胡人倒立，高鼻大眼；乌或兽头、人身、鸟爪；所演系西域传来的百戏"①。该东披正中上方还绘有两个力士双手捧托莲花和摩尼宝珠，左右有飞天护持，朱雀和孔雀相对飞翔，向西壁佛陀作供养状。通过这些画面，可以证明胡人和乌或确实是在向佛陀表演百戏，即如《旧唐书》卷二十九所记载："四海朝觐帝庭，而足以蹈天，头以履地，……睿宗时，婆罗门献乐，舞人倒行，而以足舞于极铦刀锋，倒植于地……"不过，这里的胡人没有"以足舞于极铦刀锋"，但其表演性和娱乐性是显然的（图3-47）。

初唐第220窟南壁《西方净土变》中的莲池内绘许多化生童子。其中，有一童子双手撑在莲叶上，挺胸收

图3-46 北魏第251窟北壁下方 药叉倒立图

图 3-47　西魏第 249 窟窟顶东披　倒立图　　　　图 3-48　初唐第 220 窟南壁　西方净土变·倒立图

腹，屈腿，正作倒立状（图 3-48）。其旁侧有两个童子正在表演叠罗汉，还有孩子双手合十作礼拜状。结合莲池下方所绘大型乐舞的场面，我们可以认为莲池中童子倒立、叠罗汉等动作具有表演性和娱乐性。就孩子的天性来看，倒立是娱乐玩耍，但从整个画面来看，也有以百戏供养佛陀的意味。

　　盛唐第 79 窟窟顶北披角落有一幅"童子倒立图"（图 3-49）。其周围绘"千佛图"，乍看似乎与娱乐游戏没有关系。但结合该窟窟顶南披两侧角落的"童子下腰图"和"童子拜佛图"等的画面，"童子倒立图"显然有以百戏供养佛陀的意味。

　　中唐第 158 窟西壁涅槃佛坛下方绘外道"见佛涅槃，皆大欢喜"的情景。画中共绘五身人物，第一身双手撑地，作倒立状（图 3-50）；第二身一边吹横笛，一边跳舞；第三身一边双手击腰鼓，一边跳舞；第四身右手持长棍，左手半举挥舞；第五身左手举麈尾，右手高举，手舞足蹈。这表现的是六师外道见佛涅槃后幸灾乐祸的场面，因此其中的"倒立图"具有表演性。

图 3-49　盛唐第 79 窟窟顶北披　倒立图（引自李金梅、李重申：《丝绸之路体育图录》图 221，甘肃教育出版社，2008 年）

图 3-50　中唐第 158 窟西壁佛坛下方　倒立图

倒立也会与叠罗汉、柔术、转盘子等技艺结合。如莫高窟中唐第 361 窟南壁《阿弥陀经变》中绘有一组童子表演百戏：六个儿童全身裸露嬉戏，中间一童子向后弯腰成拱桥状，上立一童子双手托盘，左腿抬起，足尖托盘，盘子似正在旋转；两侧各有一童子拍手称快；左端一童子作双手倒立状，右端一童子作单手倒立状（图 3-51）。从这一画面可以看出，倒立、叠罗汉等活动既是当时百戏表演的内容，也是孩子们喜欢的玩耍活动。这类活动不仅能锻炼儿童的体能，也能训练孩子们学习技艺的能力，培养孩子们的意志。

除敦煌壁画外，从佛经中相关的论述也可看出倒立等活动具有表演性和娱乐性。如天台智者大师《妙法莲华经文句》卷八云："那罗延者上伎戏，亦云彩画，其身作变异，又云缘幢掷倒之属也。"①又，天台沙门湛然《法华文句记》卷二云："余者俗乐以俗表真，……幢谓缘幢，即竿木也。倒谓掷倒等。"②

重肩接立三四层

叠罗汉也是古代百戏之一。多名参与者层层叠成多种多样的人体动作造型，具有很强的表演性。

最早的叠罗汉图像出现在江苏连云港孔望山石刻造像中。在

图 3-51　中唐第 361 窟南壁　阿弥陀经变·倒立、叠罗汉等

造像的"涅槃图"左侧下方有一幅"叠罗汉图"。该"叠罗汉图"共刻有 9 人，搭叠共 5 层，高 70 厘米。底层站立 3 人，第二层 2 人，第三层 2 人，第四、五层各为 1 人。底层右侧一人右手叉腰，左臂屈肘平衡支撑，另二人均弓步，组成一个稳实的基础；第二层左侧一人斜站在第一层一人肩上，两臂上举，中间一人一只脚站在底层人的手上，两臂平举；而第三、四、五层之人分别做出劈叉、柔术等惊险动作。其中第一层右侧一人和第三层右侧之人都戴有假面，由此亦可见叠罗汉具有非常强的表演性和娱乐性（图 3-52）。

叠罗汉表演在唐代尤为盛行。如 2002 年陕西师范大学新校区基建工地的一座唐墓中出土了 1 件三彩叠置伎俑。这件叠置伎俑

图 3-52　孔望山摩崖石刻　叠罗汉图（拓片）（引自连云港市博物馆编：《海州石刻——将军崖岩画孔望山摩崖造像》图版 55，文物出版社，1990 年）

图 3-53 西安出土的唐代叠置伎俑（引自李金梅、李重申：《丝绸之路体育图录》，甘肃教育出版社，2008 年）

高 40.8 厘米，由 7 人分 5 层组成：最底层为一个胡人少年大力士，双脚开立，张臂握拳，双目圆睁，正在努力保持平衡，表现出力挺千钧之势；第二层为两童子单臂搂抱，一臂平伸，各用一足站立于底层力士的头顶，另一腿向外翘起；第三层为一童子双足站立于其下两童子的肩上，双臂平伸，握拳；第四层又有两童子各用一足分别立于其下一童子的双肩，基本形态与第二层相同；最高一层为一小童，站立于其下两童子的肩上，双手扒开裤裆作撒尿状，顽皮可爱。整组雕塑造型逼真，再现了唐代百戏活动的生动场景（图 3-53）。

日本奈良市正仓院保存的一张唐代漆绘弹弓上也描绘有当时叠罗汉活动的场景。图中是 5 人 4 层的造型，底层一壮汉做骑马蹲裆式，双手上托；第二层两个孩子分别用一只脚踩在壮汉的肩上，另一只脚踩在壮汉的手上；第三层有一个孩子站在下面两人的肩上；最上层站立一孩子，双手向上挥举。颇为有趣的是，在底层壮汉身旁还立有一个孩子，仰头并摊开双手，作惊险和担心状。画面下方还绘有三人，或戴幞头穿长衫，或穿短裤裸上身，或穿紧身服，其中两人举手仰望，一人手举一物，可能表示不同阶层的人群正在观看表演（图 3-54）。

日本保存的《信西古乐图》是一系列有关中国唐代乐舞、散乐、杂戏等技艺的古图，图中也描绘有叠罗汉表演活动的情景。如其中有一幅"三童重立图"，画面中一人头戴假面，双手撑地，双脚朝上作倒立状；有一人踩在下面之人的脚掌上，曲肘作舞蹈状，头上顶一个高高的细腰状物；细腰状物体顶部的圆盘内，坐一童子，双臂作舞蹈状。该叠罗汉的造型颇具特色，且难度大，更显惊险（图3-55）。在另一幅"四人重立图"中绘有一个肩上扛有四个男子的壮汉。壮汉肩上的男子一个接一个站在下方之人的肩上。壮汉两侧各有一个男子仰头并双手摊开，作惊恐担心状（图3-56）。

叠罗汉也会与其他技艺相结合。如唐代刘言史《观绳伎（潞府李相公席上作）》诗云："彩绳冉冉天仙人。……高处绮罗香更切。重肩接立三四层，著屐背行仍应节。两边丸剑渐相迎，

图3-54　日本正仓院藏唐代漆绘弹弓上的叠罗汉图

图3-55　日本藏《信西古乐图》中的叠罗汉图

侧身交步何轻盈。闪然欲落却收得，万人肉上寒毛生。危机险势无不有，倒挂纤腰学垂柳。"[1]在彩绳上"重肩接立三四层"，将叠置与走绳结合了起来，另外还有"丸剑""倒挂"等动作。即使在今天，能在绳上"重肩接立三四层"也属罕见技巧。不过，目前尚未发现在绳索上表演叠罗汉的图像资料。

敦煌壁画中也有不少叠罗汉的图像。如初唐第220窟南壁《阿弥陀经变》中就有两幅"叠罗汉图"。《阿弥陀经变》的画面东侧绘有一个似穿背带裤的童子屈膝颇感吃力地站在荷叶上，一身穿

①《全唐诗》第468卷第9首。

红上衣、绿短裤的童子直立在其肩上。两位童子均抬左手，握右拳，头部侧向其左方，似在表演武打动作。他们身后还有一个穿红衣绿裤的孩童正仰身拍手叫好，颇有情趣（图3-57）。《阿弥陀经变》画面中的西侧也绘有两个孩子在表演叠罗汉的场景。虽然图中两个童子的穿着打扮以及动作造型与东侧画面的差别不大，但此图中站在上面的孩子身形略弯，似乎重心不够稳。另外右侧还绘有一个正在表演倒立的孩子。整个画面通过多种形态表现出了孩子们的活泼可爱（图3-58）。

盛唐第217窟北壁《观无量寿经变》也绘有童子叠罗汉的场面：一个孩子两手撑地，仰头，背部向上隆起；另一个孩子右脚踩在其背上，提左脚，一手执莲蕾，一手提莲蓬，表演金鸡独立；一旁还有围观、喝彩助兴的孩子。整幅画面洋溢着欢乐的气氛（图3-59）。

又如安西东千佛洞西夏第2窟后甬道西壁南侧的药师佛右侧下方，亦绘有几个童子叠罗汉的场面。三个童子在下面，中间一个童子的肩上又站着一个童子，正伸手欲取药师佛手中之物。几个童子的姿态各异，特别是下面三个童子屈膝、蹬腿以及捧掌

图3-56 日本藏《信西古乐图》中的叠罗汉图

图3-57 初唐第220窟南壁 阿弥陀经变·叠罗汉

图 3-58 初唐 220 窟南壁 阿弥陀经变·叠罗汉与倒立

图 3-59 盛唐第 217 窟北壁 童子叠罗汉

的动作显示出不同的力度，并表现出相互之间的协作，非常形象生动（图 3-60）。

　　晚唐第 85 窟南壁《报恩经变》中有一幅与柔术等技艺结合表演的"叠罗汉图"。画面中有四个孩子，中间一孩子反背折腰拱腹撑地，一个孩子站在其腹部上做金鸡独立表演，旁侧一个孩子在吹笛奏乐，一个孩子在拍手助兴。画面生动形象地表现了孩子们天真活泼的嬉戏情景（图 3-61）。

　　壁画中也绘有许多简单原始的叠罗汉形式。如盛唐第 172 窟北壁《观无量寿经变》的七宝池中绘有许多孩子在水中嬉戏，其中有一个孩子站立在水中，双肩上骑有一个双手举着荷叶的孩子，下面的孩子用手紧紧抓住上面孩子的双脚，上面的孩子用荷叶遮住头部，整个画面颇有情趣（图 3-62）。又如北周第 428 窟东壁《独角仙人本生》中绘"仙人为淫女所骑"的情节，画面上绘一女子坐骑在一正在行走的男子肩上（图 3-63）。又，北周第 428 窟东壁《须达拏太子本生》中绘太子夫妇肩负儿女出行，画面中两个孩童分别骑坐在父母的肩上（图 3-64）。又，北周

图 3-60　东千佛洞西夏第 2 窟后甬道西壁　　图 3-61　晚唐第 85 窟南壁　报恩经变·叠罗汉
　　　　南侧 叠罗汉

图 3-62　盛唐第 172 窟北壁　观无量寿经变·化生童子（李其琼临）

第 296 窟窟顶绘微妙与丈夫带孩子回娘家的场景，画面中孩子骑坐在父亲的肩上
（图 3-65 ）。

　　简单的叠罗汉活动大多具有实用性，目的是让骑坐在上面的人更舒适或增加其
高度，常见于围观的人群中。一般不需要多少技巧，但也要注意保持平衡。

图 3-63　北周第 428 窟东壁　淫女坐骑仙人

图 3-64　北周第 428 窟东壁　须达拿太子本生

图 3-65　北周第 296 窟窟顶　微妙与丈夫带孩子回娘家

复杂的叠罗汉活动则大多具有表演性和娱乐性，需要掌握一定的技巧与参与者之间的协作。因此，儿童参与这种活动不仅能锻炼体能，训练各种技艺，同时对培养孩子们的集体观念也很有帮助。

双盘戏舞如飞燕

转盘子，又叫"转盘""旋盘""耍盘子"等，即宋代的"杂旋"，表演方式大多为表演者将圆形器物放在竿上旋转，也是古代百戏之一。

宋代马端临在《文献通考·散乐百戏》中曾指出："杂旋伎，盖取杂器圆旋于竿标而不坠地也。"[①]

杂旋伎在元代有了较大发展。元代吴莱在《椀珠伎》中将元代杂旋伎描写得十分精彩："椀珠闻自宫掖来，长竿宝椀手中回。日光正高竿影直，风力旋空珠势侧。当时想像鼻生葱，宛转向额栽芙蓉。筋斗交筋忽神骇，矛叶舞矛忧技穷。"从此诗可以看出，

① 转引自傅起凤、傅腾龙：《中国杂技》，天津科学技术出版社，1983 年，第 120 页。

① 转引自傅起凤、傅腾龙：《中国杂技》，天津科学技术出版社，1983年，第169页。

元代的转盘表演已有头上转盘、鼻顶转盘、翻跟斗转盘等高难度花样。

清代李斗《扬州画舫录》记载扬州"杂旋"表演者"置盘竿首，以手擎之，令盘旋转，腹及两手及两腕、腋，两股及腰与两腿置竿十余，其转如飞，或飞盘空际，落于原竿上"，表演精彩，令人惊叹。

兰陵忧患生在《京华百二竹枝词》中有一首诗，生动地描绘了旧日北京城中一位耍盘子小艺人的技艺："一十三龄杨德顺，神乎技矣大超群；双盘戏舞如飞燕，就里运翻跟斗云。"这里所说的十三岁的杨德顺，年纪虽小，本事可不小。这首诗的备注上说他能"左右手各耍一盘，诸般式样，变化不穷。更能以跟斗云上下三层桌凳，手中双盘，照旧戏耍……"①

转盘子有一手转一个的，也有一手转多个的。转盘子的标竿分硬标竿和软标竿两种，软标竿比硬标竿长许多，一般都是特制的藤棍，可曲可直。所转的盘子大多是瓷质的，小的有四寸、六寸，大的有九寸、十二寸，越大越难耍。英美烟公司于1905年出品的《耍盘子》烟画，便展现了用软标竿耍盘子的艺人在街头表演的情景（图3-66）。

敦煌壁画中也保存有反映当时转盘子表演的画面。如盛唐第79窟窟顶北披角落绘一童子双手高举，右手食指头正顶着一个旋转的大盘子面向佛陀进行表演（图3-67）。结合该窟窟顶南披两侧角落的"童子下腰图"和"童

图3-66　英美烟公司于1905年出品的《耍盘子》烟画

子拜佛图"等画面，显然是以百
戏供养佛陀。

另外，敦煌壁画中的转盘表
演，皆是用手指或足尖进行表
演。用足尖进行转盘表演难度
更大。

图 3-67　盛唐第 79 窟窟顶北披　转盘子

吞刀吐火，植瓜种树

魔术是以变化为主的杂技艺术，在古代又叫作"幻术"或
"戏法"。它用其神妙莫测的景象，突出展现了人类卓绝的智慧和
美好愿望，同时给观者带来了艺术上的享受。

魔术在我国历史悠久。如《列子·周穆王篇》中记载："周穆
王时，西极有化人（原注：化幻人也），入水火，贯金石，反山川，
移城邑；乘虚不坠，触实不硋。千变万化，不可穷极。"[1]幻人能
自由出入于水火，随意贯穿金石；能倾覆山川，搬移城池；能悬
在空中掉不下来，碰到障碍也挡不住。千变万化，无尽无休。

汉武帝时期，西域的幻术传到了中原。如《汉书》卷六十一
记载："大宛诸国发使随汉使来，观汉广大，以大鸟卵及犛轩眩人
献于汉，天子大说。"师古注曰："眩读与幻同，即今吞刀吐火，
植瓜种树，屠人截马之术皆是也。"[2]

《西京赋》中对当时的幻术进行了具体生动的描写："巨兽百
寻，是为曼延，神山崔巍，欻从背见。熊虎升而拏攫，猿狖超而
高援。怪兽陆梁，大雀踆踆。白象行孕，垂鼻辚囷。海鳞变而成
龙，状蜿蜿以蝹蝹。含利颬颬，化为仙车。骊驾四鹿，芝盖九葩。
蟾蜍与龟，水人弄蛇。奇幻倏忽，易貌分形。吞刀吐火，云雾杳

① 杨伯峻：《列子
集释》，中华书局，
1979 年，第 90 页。
②《汉书》，中华书
局，1962 年，第 2696
页。

冥。画地成川，流渭通泾。"①

魏晋时期幻术得到进一步发展。如晋代葛洪《西京杂记》卷三记载："余所知有鞠道龙善为幻术，向余说古时事：有东海人黄公，少时为术，能制蛇御虎，佩赤金刀，以绛缯束发，立兴云雾，坐成山河。及衰老，气力羸惫，饮酒过度，不能复行其术。秦末，有白虎见于东海，黄公乃以赤刀往厌之。术既不行，遂为虎所杀。三辅人俗用以为戏，汉帝亦取以为角抵之戏焉。"②

又，北魏杨炫之在《洛阳伽蓝记·景乐寺》中描写了当时善男信女在庙会上观看幻术表演的情景："召诸音乐，逞伎寺内。奇禽怪兽，舞抃殿庭。飞空幻惑，世所未睹。异端奇术，总萃其中。剥驴投井，植枣种瓜，须臾之间，皆得食之。士女观者，目乱睛迷。"③又，"四月四日此像常出，辟邪师子导引其前。吞刀吐火，腾骧一面。彩幢上索，诡谲不常。奇伎异服，冠于都市。像停之处，观者如堵，迭相践跃，常有死人。"④

隋唐时期幻术尤为盛行。如《隋书》卷十五《音乐志》记载："及大业二年，突厥染干来朝，炀帝欲夸之，总追四方散乐，大集东都。初于芳华苑积翠池侧，帝帷宫女观之。有舍利先来，戏于场内，须臾跳跃，激水满衢，鼋鼍龟鳖，水人虫鱼，遍覆于地。又有人鲸鱼，喷雾翳日，倏忽化成黄龙，长七八丈，耸踊而出，名曰《黄龙变》。……又有神鳌负山，幻人吐火，千变万化，旷古莫俦。染干大骇之。"⑤

又如苏鹗《杜阳杂编》中记载当时的艺人米賨能用灯法表演幻术："公主始有疾，召术士米賨为灯法，乃以香蜡烛遗之。米氏之邻人觉香气异常，或诣门诘其故，賨具以事对。其烛方二寸，上被五色文，卷而爇之，竟夕不尽，郁烈之气可闻于百步。

① 张启成、徐达主编：《汉赋今译》，贵州人民出版社，2001年，第118页。
② (晋) 葛洪：《西京杂记》，中华书局，1985年，第16页。
③ (北魏) 杨炫之撰，周祖谟校释：《洛阳伽蓝记校释》，中华书局，1963年，第58、59页。
④ (北魏) 杨炫之撰，周祖谟校释：《洛阳伽蓝记校释》，中华书局，1963年，第52～54页。
⑤《隋书》卷15《音乐志》，中华书局，1973年，第380、381页。

余烟出其上，即成楼阁台殿之状。"①即在粗二寸的蜡烛上，施五色光，燃亮后竟夜不灭，其袅袅烟雾中呈现楼、阁、台、殿等形状。

唐高宗时，还有一种"自断手足，刳剔肠胃"的幻术，是汉代从天竺传来的古老节目，但"高宗恶其惊俗，敕西域关令不令入中国"②。

因为幻术多是随佛教东传而来，故佛教经典中相关记载甚多。有的认为幻术是虚妄不实的假象，如竺佛念译《菩萨处胎经》卷七云："此沙门瞿昙，犯于淫欲实不得道，自称言得道，所作变化皆是幻术，非真实道。"③

有的认为幻术实际是人力所为，如释道世撰《法苑珠林》卷四云："如世有祝师及诸幻术，犹能履火蹈刃种瓜移井，倏忽之间千变万化。人力所为尚能如此，何妨神通感应不可思量。"④

有的抨击幻术是一种"诳惑世人"的骗术，如瞿昙僧伽提婆译《增壹阿含经》卷二十云："此秃头沙门善于幻术，诳惑世人，无有正行。"⑤

也有的述及幻术的奇异功能，如实叉难陀译《大方广佛华严经》卷四十二云："阿修罗王，……以幻术力，将诸军众，同时走入藕丝孔中。"⑥又如义净译《金光明最胜王经》卷五云："譬如幻师及幻弟子，善解幻术，于四衢道，取诸沙土草木叶等，聚在一处作诸幻术，使人睹见象众马众车兵等众，七宝之聚种种仓库。"⑦

虽然史书和佛典中关于幻术的文字记载很多，但保存下来的图像资料却不多。汉代画像石（砖）中有一些反映百戏活动的画面，其中也有描绘幻术活动的。如沂南汉画像石中有一幅"百戏图"，画面中央刻画有一条巨龙和一条大鱼。巨龙的前后各有一人

①（唐）苏鹗：《杜阳杂编》,《丛书集成初编》,中华书局,1985年,第27页。
②《旧唐书》卷29《音乐志》, 中华书局,1997年,第1072、1073页。
③《大正藏》第12册，第1056页。
④《大正藏》第53册，第296页。
⑤《大正藏》第2册，第647页。
⑥《大正藏》第10册，第219页。
⑦《大正藏》第16册，第425页。

手持鼗鼓和利剑等物作引导和驱赶状，龙背上有一喇叭状物，其上站立一小人正挥舞手中的一根长幢。大鱼的头部下方有一人单腿跪地作引导状，鱼的背部上方有两人手持鼗鼓作吆喝状（图 3-68）。这可能是张衡《西京赋》中所说的"海鳞变而成龙"，亦或是《隋书》卷十五《音乐志》中记载的"又有大鲸鱼，喷雾翳日，倏忽化成黄龙"。

又，山东嘉祥县刘村洪福院出土的汉画像石有一幅"吐火、施鞭图"。画面上刻画有四人：左端一人蹲在地上，双手前伸，口中吐火；当中二人，一人直立，右手持一长鞭，另一人屈膝跪地；最右边一人作回顾状（图 3-69）。

又，河南新野县樊集出土的汉画像石中有一幅"胡人吐火、接绳图"。画面中

图 3-68　山东沂南汉画像石　鱼龙之戏

图 3-69　山东嘉祥县刘村洪福院汉画像石　吐火、施鞭图

刻画有一深目高鼻、虬髯连鬓的胡人，头戴尖顶帽，身穿长袍。胡人两臂前伸，似正将一根绳打结，口中吐火（图 3-70）。这幅图可能是在表演两个幻术：首先胡人用口中吐出的火将绳烧断，表示火是真实的，然后再表演将断绳完好如初地接上。

又，山东长清孝堂山出土的汉画像石中有一幅表现用木棍穿透人心胸的幻术的画面。画面中有两组人物，分别有两个人用一根细长棍穿透另一个人的心胸，然后抬在肩上行进（图 3-71）。这个幻术类似于现代魔术中"刀插活人"之类的节目。

敦煌壁画中也保存了一些反映幻术活动的画面，在一定程度上生动地再现了当时幻术活动的情景。如莫高窟初唐第 323 窟北壁《佛图澄神异故事》中描绘了十六国时期高僧佛图澄"洗肠""幽州灭火""听铃音断吉凶"的三个故事。

图 3-70　河南新野县汉画像石
胡人表演吐火、接绳

图 3-71　山东长清孝堂山汉画像石　穿心人

图 3-72　初唐第 323 窟北壁　佛图澄神异故事·洗肠

在"洗肠"的画面中，有一人赤袒上身，坐于一长方形的毡毯之上，两臂屈置于胸前，两手将一长条状物放在面前的溪流之中，作摆洗之状（图 3-72）。据《晋书》卷九十五记载："佛图澄，天竺人也。本姓帛氏。少学道，妙通玄术。永嘉四年，来适洛阳，自云百有余岁，常服气自养，能积日不食。善诵神咒，能役使鬼神。腹旁有一孔，常以絮塞之，每夜读书，则拔絮，孔中出光，照于一室。又尝斋时，平旦至流水侧，从腹旁孔中引出五藏六府洗之，讫，还内腹中。"[1]又，南朝梁人慧皎撰《高僧传》卷九也记载："澄左乳傍，先有一孔，围四五寸，通彻腹内。有时肠从中出，或以絮塞孔，夜欲读书，辄拔絮则一室洞明。又斋日辄至水边，引肠洗之，还复内中。"[2]从史书和佛典中的记载来看，该画面描绘的应是高僧佛图澄在斋日期间于河边抽洗肚肠时的情景。而实际上，不管是其腹孔放光，还是抽洗肚肠，都与当时天竺传来的"吞刀吐

[1]《晋书》卷 95，中华书局，1974 年，第 2485 页。
[2]《大正藏》第 50 册，第 386 页。

火""刳剔肠胃""截舌抽肠"等属于同一类幻术。

"幽州灭火"画面中有一身穿交领宽袖长袍的王者,坐于几案后的低榻上,举手侧视,身后有一人执掌华盖。王者周围有多名臣僚,均举手侧身,或好奇,或惊讶,或双手抱持于胸前作祈祷之态。几案侧还有低榻一个,空置无人。在王者和诸臣僚的前方,有光头高僧一人,身穿袈裟,左臂屈置胸前,右手伸出平举,手中似持一物。高僧的右手手掌上端升起滚滚浓云。浓云直至画面右上角,覆罩在一座颇具规模的城池上空,有雨点倾之而下。城内大火熊熊,火苗呼呼,烟雾腾腾(图3-73)。据《高僧传》卷九记载:"澄又尝与虎共升中堂,澄忽惊曰:'变!变!幽州当火灾。'乃取酒洒之。久而笑曰:'救已得矣。'虎遣验幽州,云:'尔日火从四门起,西南有黑云来骤雨灭之,雨亦颇有酒气。'"[1]《晋书》卷九十五也有相同记载。由此可知,画面所绘应是佛图澄与石虎

①《晋书》卷95,中华书局,1974年,第2485页。

图3-73 初唐第323窟北壁 佛图澄神异故事·幽州灭火

共升中台时，佛图澄突然感知幽州火起，立刻取酒作法灭火时的
情景。显然，这也是佛图澄玩弄的一个幻术。

预知，实际上是在掌握一定知识的基础上对未来所作出判断。
"听铃音断吉凶"的故事便是介绍佛图澄"又能听铃音以言吉凶，
莫不悬验"①，具有占卜预知的能力，曾根据铃声预言擒拿段末波
和刘曜，并预言石勒之死。该画面中绘一座挂有悬铃的大塔，塔左
侧绘高僧和一侍从，对面绘王者及臣僚三人，正作交谈状。塔右侧
有一人将右手举至耳旁，作谛听之状（图3-74）。占卜预知与幻术
相结合，可以相得益彰，对当时推广佛教应该是很有帮助的。

在敦煌壁画中，有一些描绘橦技活动（即顶竿）的画面中也
有幻术活动的画面。如前文提及过的莫高窟中唐第361窟《金刚
经变》（图3-32）与晚唐第85窟窟顶东披《楞伽经变》（图3-34）。
乍看这些画面只是一个橦技表演场景，但结合相关经文仔细考证，
就会发现这些画面实际上描绘的是幻术表演的场景。画面中的橦技活动应该只是幻术表演中的一个项目而已。中唐第361窟《金刚经变》试图通过幻术表演的画面向观者阐述：世上的一切事物就像这幻术表演一样虚幻不实，即鸠摩罗什译《金刚般若波罗蜜经》中云："一切有为法，如梦幻泡影，

图3-74 初唐第323窟北壁 佛图澄神异故事·听铃声辨凶吉

136

如露亦如电，应作如是观。"①
晚唐第85窟《楞伽经变》也试
图通过幻术表演的画面向观者阐
述：世界万有皆由心所造，万物
虚幻不实，即第85窟相关榜题和
佛经所云："大慧，譬如幻师以
幻术力，依草木瓦石幻作众生若
干色像，令其见者种种分别，皆
无真实。大慧，此亦如是。"②另
外，晚唐第9窟、五代第61窟、
宋代第55窟、宋代第454窟等洞
窟的《楞伽经变》中也都有表现
幻术活动场景的画面（图3-75）。

图3-75　宋代第55窟窟顶东披　楞伽经变·幻术

　　敦煌壁画中也有幻术比赛的
画面。在晚唐第9窟、第196窟
等洞窟的《劳度叉斗圣变》中描
绘的六师外道代表人物劳度叉
与佛教代表人物舍利弗斗法的场
面，实际上就是一场规模宏大的
幻术比赛。据慧觉等译《贤愚
经》卷十记载："六师众中，有

图3-76　P.4524 降魔变文画卷　金刚击石

一弟子，名劳度叉，善知幻术"，而"舍利弗，便以神力"应之。③
壁画基本依据敦煌文献《降魔变文》绘，画面上绘劳度叉"忽然
化出宝山，高数由旬"，舍利弗则"化出金刚……手执宝杵，杵上
火焰冲天；一拟邪山，登时粉碎"（图3-76）；劳度叉"忽于众里，

①《大正藏》第8
册，第752页。
②《大正藏》第16
册，第596页。
③《大正藏》第4
册，第419、420页。

图 3-77　晚唐第9窟南壁　劳度叉斗圣变·狮牛斗

图 3-78　P.4524 降魔变文画卷　白象吸水

图 3-79　晚唐第9窟南壁　劳度叉斗圣变·金翅鸟斗龙

图 3-80　P.4524 降魔变文画卷　金翅鸟斗龙

化出一头水牛，其牛乃莹角惊天"，舍利弗则"化出师子……水牛见之，亡魂跪地"（图 3-77）；劳度叉又于"众里化出水池"，舍利弗便"化出白象之王……直入池中，……已（以）鼻吸水，水便干枯"（图 3-78）；劳度叉叉"化出毒龙，口吐烟云"，舍利弗便"化出金翅鸟王……遥见毒龙……其鸟乃先啄眼睛，后囓四竖，两回动嘴，兼骨不残"（图 3-79、3-80）；劳度叉叉"忽于众中，化出二鬼。形容丑恶"，舍利弗便化出"毗沙门（天王）……二鬼一见，乞命连绵处"（图 3-81）；劳度叉叉"急于众中化出大树"，舍利弗便"忽于众里化出风神……解袋即吹，于时地卷如绵，石同尘碎，枝条迸散他方，茎干莫知所在"。[1]佛经中说劳度叉

① 王重民等编：《敦煌变文集(上集)》，人民文学出版社，1957 年，第 382～388 页。

图 3-81　P.4524 降魔变文画卷　毗沙门天王斗鬼

使用的是幻术，舍利弗用的是神力，两者其实都是幻术。于"众里""众中"化出各种事物，这相当于一些现代魔术表演会事先在人群中有所布置安排。

披发高歌，泳之游之

游泳是一种竞技性很强的活动，是人类在征服自然的过程中锻炼出来的一种技能。远古时期，鱼虾是生活在河流沿岸的人们的主要食物，因此捕捞鱼虾等就成了他们的重要活动。人们为了在水中捕捞鱼虾并避免溺水，开始模仿水栖动物的姿态和动作在水中游动，久而久之，便学会了游泳。此外，游泳也是古代人们渡河的方法之一。如《诗经·邶风·谷风》云："就其深矣，方之舟之；就其浅矣，泳之游之。"[①]意思是遇到江河挡路时，如果水深就用船筏过河，如果水浅就下水游泳而过。

① 袁愈荌译诗，唐莫尧注释：《诗经全译》，贵州人民出版社，1991 年，第51 页。

《庄子·达生》篇中有一段文字描写了当时民间善于游泳者，云："孔子观于吕梁，县水三十仞，流沫四十里，鼋鼍鱼鳖之所不能游也。见一丈夫游之，以为有苦而欲死也，使弟子并流而拯之。数百步而出，披发行歌而游于塘下。"[1]说孔子站在吕梁水滨，见一男子在飞瀑激流中游泳，以为他要投水觅死，就令弟子随波拯救。没想到那个人忽然在百步之外浮出水面，并披发高歌，逍遥自得，遨游岸下，胜似闲庭信步。从这段文字记载中，也可以看到当时的游泳活动已经具有了娱乐性。

游泳活动的娱乐性，还体现在军事训练中。如《管子·轻重甲第八十》云："（齐桓公曰：）'今寡人欲北举事孤竹离枝，恐越人之至，为此有道乎？'管子对曰：'君请遏原流，大夫立沼池，令以矩游为乐，则越人安敢至？'桓公曰：'行事奈何？'管子对曰：'请以令隐三川立员都，立大舟之都。大舟之都，有深渊垒十仞，令曰：能游者赐千金，未能，用金千。齐民之游水，不避吴越。'"[2]管子建议桓公"立沼池"，蓄水为游泳池，令将帅士卒练习游泳，以抵御吴国的水师。"以矩游为乐"，意思是说按照一定的程序来游泳，在游戏中达到训练目的。

随着人们游泳技能的提高，游泳的娱乐功能也得到进一步发展。我国古代出现了一种独特的水上活动——水戏，又称水嬉。水戏的花样繁多，有潜水、竞渡、水秋千、水百戏、水上歌舞等。如《太平广记》卷二百三十六引《述异记》云："吴王夫差筑姑苏台，……又作大池，池中造青龙舟，陈妓乐，日与西施为水戏。"[3]又如晋代王嘉《拾遗记》卷六记载："汉昭帝始元元年，穿淋池，广千步。……帝时命水嬉，游宴永日。"[4]

唐宋时水戏之风大盛，从帝王到民间无不为之。据《旧唐书》

[1]孙雍长注译:《庄子》，花城出版社，1998年，第245页。
[2]（春秋）管仲:《管子》卷23，浙江人民出版社，1987年。
[3]（宋）李昉等编:《太平广记》卷236，团结出版社，1994年，第1082页。
[4]（晋）王嘉撰，（梁）萧绮录:《拾遗记》，中华书局，1981年，第128页。

卷十四记载："德宗在位岁久，……尝侍宴鱼藻宫。张水嬉，彩舰雕靡，宫人引舟为棹歌，丝竹间发，德宗欢甚。"[1]又如《新唐书》卷一百四十五列传第七十记载，唐玄宗时，京兆尹黎干为讨皇帝欢心，"作倡优水嬉，冀以媚帝"[2]。又，《东京梦华录》卷七记载了宋代的"水秋千"，云："又有两画船，上立秋千，船尾百戏人上竿，左右军院虞候监教鼓笛相和。又一人上蹴秋千，将平架，筋斗掷身入水，谓之'水秋千'。水戏呈毕，百戏乐船，并各鸣锣鼓，动乐舞旗。"[3]

唐代赵璘《因话录》卷六记载了唐代优胡曹赞的水嬉技能，说他"凡诸谐戏曲尽其能，又善为水嬉，百尺樯上不解衣，投身而下，正坐水面，若在茵席。又于水上靴而浮，或令人以囊盛之，系其囊口，浮于江上，自解其系。至于回旋出没，变易千状，见者目骇神竦，莫能测之。"[4]

据《南史》卷六十六记载："周文育……年十一，能反复游水中数里，跳高六尺，与群儿聚戏，众莫能及。"[5]这说明南北朝时期，游泳已是儿童们常见的游戏活动了。

游泳集娱乐、竞技、健身功能于一体，同时也能培养游泳者的勇敢和互助精神等。不过，受环境条件的限制，游泳活动在多河流且炎热的南方更为普遍。如苏轼《日喻》所云："南方多没人，日与水居也。七岁而能涉，十岁而能浮，十五而能没矣。夫没者岂苟然哉，必将有得于水之道者。日与水居，则十五而得其道；生不识水，则虽壮，见舟而畏之。故北方之勇者，问于没人，而求其所以没，以其言试之河，未有不溺者也。"[6]在河流相对较少且寒冷的北方，会游泳的人则相对较少。

一千多年前的画工，在位于极度干旱的戈壁大漠中的敦煌也

①《旧唐书》，中华书局，1975 年，第410 页。

②《新唐书》，中华书局，1975 年，第4721 页。

③（宋）孟元老：《东京梦华录》，《丛书集成初编》，中华书局，1985 年，132 页。

④（唐）赵璘：《因话录》，《丛书集成初编》，中华书局，1985 年，第39 页。

⑤《南史》，中华书局，1975 年，第1601 页。

⑥ 苏轼撰，郎晔选注：《经进东坡文集事略（下）》，文学古典刊行社，1957 年，第932 页。

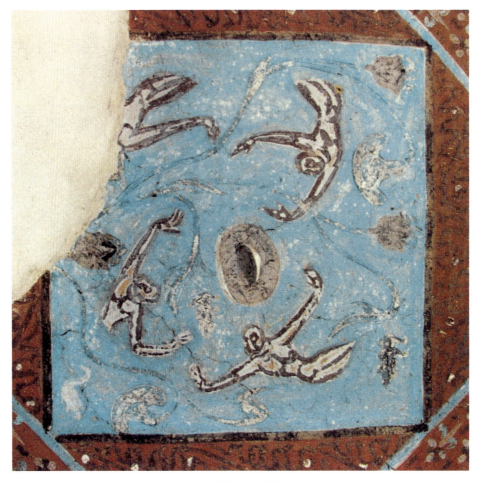

图 3-82　北魏第 257 窟平棋顶　游泳

描绘了不少游泳的情景。如莫高窟北魏第 257 窟窟顶后部平棋东南角的莲池中，就绘有四个裸体之人挥划双臂，双脚或后半身没于水中，自由随意地游泳（图 3-82）。

又如隋代第 420 窟窟顶东披《法华经变·观世音菩萨普门品》中，根据经文"若为大水所漂，称其名号即得浅处"，绘两人在弯弯曲曲的长河中游泳的场景。河中的两人张挥双臂，伸直或曲蹬双脚，正努力向岸边游去。岸边伞盖下有观音菩萨伸手营救（图 3-83、3-84）。

也有壁画主要表现了游泳的娱乐性。如榆林窟中唐第 25 窟南壁《观无量寿

图 3-83　隋代第 420 窟窟顶东披　法华经变·游泳

图 3-84　隋代第 420 窟窟顶东披
法华经变·游泳

图 3-85　榆林窟中唐第 25 窟南
壁观无量寿佛经变·潜
水童子

经变》中描绘了一群化生童子在七宝池中戏水。在亭台水边，一童子双手吊着台栏，左脚在水中，右脚提起在水面蹬划出一圈水涡。一童子正在扎猛子，头已潜到水里，屁股高高翘在水面上。吊在台栏边的孩童双眼正盯着潜水孩童的屁股（图3-85）。另外，还有两个童子正在追逐一只水池中间的鹅。画面中这群在水中游玩的孩童的神情和动作都被描绘得非常生动有趣。

盛唐第 148 窟东壁门北的《药师经变》以及中唐第 231 窟南壁《观无量寿经变》、北壁《药师经变》以及东壁门南《报恩经变》中，也绘有许多孩童在水中游泳、戏玩、划舟（莲叶）的情景。

这些生动的游泳画面，是画工根据当时敦煌的真实生活环境所描绘？还是南方的画工来到敦煌，将自己在南方的生活情景绘入洞窟？亦或是敦煌画工根据南方传来的画稿所描绘？这些都不得而知。

第四章

竞智类游戏

　　竞智类游戏的产生和发展，与人类社会发展过程中对政治、军事、经济活动的需要有密切关系。政治集团之间的尔虞我诈、军事战争中的用兵作战、商业经济中的利害得失等等，都在很大程度上促进了竞智类游戏的发展。

　　竞智类游戏有利于开发人们的智慧，锻炼人们的头脑。古代的竞智游戏种类非常丰富，不仅有六博、围棋、象棋、双陆等棋类游戏，还有七巧板、九连环等拼拆游戏，以及酒令、猜谜、回文等文字游戏。

　　在敦煌壁画和敦煌文献中，竞智类游戏主要保存有围棋、双陆、樗蒲、藏钩等活动的图像画面或文字记载。

围棋之戏，兵法之类

　　围棋是一种比赛智力和毅力的娱乐活动，由于变幻多端，高深莫测，其竞赛性和趣味性极强。对弈者用黑子或白子围困对方，以围地多少定胜负，故称围棋。

　　围棋在我国起源甚早，古有尧造围棋之传说。《博物志》云："尧造围棋，以教子丹朱。"[1]《左传·襄公二十五年》《论语·阳货》《孟子·告子》等典籍中也都提到弈棋。汉代扬雄《方言》云："围棋谓之弈。"[2]《说文解字》云："弈，围棋也。"

　　围棋的发展可能与频繁的战争有一定关系。汉代桓谭《新论》曾指出："世有围棋之戏，或言是兵法之类。"[3]东汉马融《围棋

①（晋）张华：《博物志》，《丛书集成初编》，中华书局，1985年，第73页。
②（汉）扬雄：《方言》，《丛书集成初编》，中华书局，1985年，第53页。
③ 转引自李毓珍：《〈棋经十三篇〉校注》，蜀蓉棋艺出版社，1988年，第53页。

赋》进一步阐述说："略观围棋兮，法于用兵；三尺之局兮，为战斗场；陈聚士卒兮，两敌相当；拙者无功兮，弱者先亡。"①古代许多著名军事家都是围棋高手，如三国时的曹操、孙策、诸葛谨、陆逊等。孙策曾经诏弈棋名手吕范对弈，南宋李逸民编著《忘忧清乐集》"孙策诏吕范弈棋局面"中保留有二人对弈的四十六着棋谱。②

历代帝王中也不乏围棋爱好者，并重视围棋的发展，如南朝宋文帝刘义隆、宋明帝刘彧、齐武帝萧赜、梁武帝萧衍、唐玄宗李隆基等。宫中设置有"棋待诏"，号称"国手"，专门与帝王对弈。据《南史》卷四记载，齐高帝萧道成"尝与直阁将军周复、给事中褚思庄共棋，累局不倦"③。又《南史》卷七十记载，宋明帝刘彧"好围棋，甚拙"，但偏要同高手王抗对弈，王抗只好故意让他，并奉承他说："皇帝飞棋，臣抗不能断。"明帝刘彧信以为真，因此"好之愈笃"④。梁武帝萧衍还命柳恽编著《棋品》，从而建立起围棋的品级制度。据《旧唐书》卷五十七记载，唐高祖李渊早年担任隋朝太原留守时就嗜好围棋，他经常同晋阳宫副监裴寂下棋，有时竟通宵达旦，云："高祖留守太原，与寂有旧，时加亲礼，每延之宴语，间以博弈，至于通宵连日，情忘厌倦。"⑤又据《西阳杂俎》卷一记载，唐玄宗好围棋，在与亲王对弈时，玄宗将输，于是"贵妃放康国猧子于坐侧，猧子乃上局，局子乱，上大悦"⑥。

唐宋时期，由于帝王们的喜爱以及其他种种原因，对弈之风遍及全国，甚至还把围棋作为宴请外国宾客的娱乐项目之一。如《旧唐书》卷十八记载，唐宣宗时"日本国王子入朝贡方物。王子善棋，帝令侍诏顾师言与之对手"⑦。

① 费振刚：《文白对照全汉赋》，广东教育出版社，2006年，第610页。
②（南宋）李逸民：《忘忧清乐集》，蜀蓉棋艺出版社，1987年，第13页。
③《南史》，中华书局，1975年，第113页。
④《南史》，中华书局，1975年，第1710页。
⑤《旧唐书》，中华书局，1975年，第2285、2286页。
⑥（唐）段成式：《西阳杂俎》卷1，《丛书集成初编》，中华书局，1985年，第2页。
⑦《旧唐书》，中华书局，1975年，第620页。

喜好围棋的大臣在史书中也多有记载。如《旧唐书》卷
九十四记载，武则天的左拾遗卢藏用"工篆隶，好琴棋，当时称
为多能之士"①。又据唐代冯贽《云仙杂记》卷六记载，唐玄宗
时的翰林院棋待诏王积薪"每出游，必携围棋短具，画纸为局，
与棋子并盛竹筒中，系于车辕马鬣之间。道上虽遇匹夫，亦与对
手"②。宋代钱易《南部新书》中也记载了唐代宗时一位叫李讷的
官员"仆射，性卞急，酷尚弈棋，每下子安详，极于宽缓。往往
躁怒作，家人辈则密以弈具陈于前，讷睹，便怡然改容，取其子
布弄，忘其恚矣"③。

围棋在唐代文人中更是流行。在《全唐诗》中仍保留着大量
文人描写弈棋活动的诗句。如杜甫《江村》："老妻画纸为棋局，
稚子敲针作钓钩。"④《别房太尉墓（在阆州）》："对棋陪谢傅，把
剑觅徐君。"⑤白居易《孟夏思渭村旧居寄舍弟》："兴发饮数杯，
闷来棋一局。"⑥《池上二绝》："山僧对棋坐，局上竹阴清。"⑦
另外刘禹锡、张籍、杜牧、温庭筠等也都写过有关弈棋的诗篇。
唐代冯贽《云仙杂记》卷二记载"王勃围棋，率下四子成一首
诗"⑧，可见王勃作诗下棋皆为高手。晚唐诗人皮日休还写了一
篇关于围棋的理论性文章《原弈》。在这篇文章中，他以围棋"有
害、诈、争、伪之道"，否定"尧造围棋"的传说而认定围棋起源
于战国时期。

妇女和儿童中也有很多弈棋高手。如唐代薛用弱《集异记》
卷一记载了翰林院棋待诏王积薪随唐玄宗逃亡四川途中，一夜
"寓宿于山中孤姥之家"，向一姑妇学弈棋的故事⑨。唐代诗人中
有不少咏妇女弈棋的诗篇。如王建《夜看美人宫棋》云："宫棋
布局不依经，黑白分明子数停。巡拾玉沙天汉晓，犹残织女两三

①《旧唐书》，中华
书局，1975 年，第
3004 页。

②（唐）冯贽：《云
仙杂记》，《丛书集
成初编》，中华书局，
1985 年，第 44 页。

③（宋）钱易：《南
部新书》，《丛书集
成初编》，中华书局，
1985 年，第 68 页。

④《全唐诗》第226
卷第15 首。

⑤《全唐诗》第228
卷第30 首。

⑥《全唐诗》第433
卷第54 首。

⑦《全唐诗》第455
卷第52 首。

⑧（唐）冯贽：《云
仙杂记》，《丛书集
成初编》，中华书局，
1985 年，第 14 页。

⑨ 转引自王永平：
《唐代游艺》，西北
大学出版社，1995
年，第 94 页。

星。"[1]张籍《美人宫棋》云："红烛台前出翠娥，海沙铺局巧相和。趁行移手巡收尽，数数看谁得最多。"[2]

南北朝时，少年儿童中便已有弈棋高手，如《南史》卷三十六记载："吴郡褚胤，年七岁便入高品。"[3]《陈书》卷三十记载，梁武帝时的陆琼，8岁能"于客前覆局，由是京师号曰'神童'"[4]。又据五代孙光宪《北梦琐言》卷十记载，唐僖宗时"翰林待诏滑能，棋品甚高，少逢敌手。有一张小子，年仅十四，来谒觅棋，请饶一路。滑生棋思甚迟，沈吟良久，方下一子，张生随手应之，都不介意"[5]。这位民间少年棋手与国手对弈，竟全然不假思索。又，清初雍、乾年间（约1725～1758年），施定庵、范西屏二人弈术威震全国，弈界言必施、范，然而这两位"国手"却都曾败给不知名的小孩子。据清代李斗《扬州画舫录》卷十一记载："二君渡江来扬时，尝于村塾中宿，定庵戏与馆中童子弈，不能胜；西屏更之，亦不能胜。"[6]

从以上文献记载可以看到，古代的围棋活动主要具有斗智性，即弈棋者双方之间的斗智。而其娱乐性，主要是弈棋者自娱自乐；其次如有围观者，则围观者也能从中获得娱乐。表演性则或有或无，只有两人对弈时，一般没有表演性，但有旁观者，则可能具有表演性。

从一些图像资料也可以看到古代围棋活动的具体情景。如新疆吐鲁番阿斯塔那第187号古墓出土的唐代绢画《贵妇弈棋图》中，一位贵妇发束高髻，阔眉，额间描心形花钿，手戴镯，身穿绯色大袖裙襦，右手食指和中指夹住一枚棋子正准备放在棋盘上，神情凝重，举棋不定。古代女子下围棋的记载，也由此得以形象地证明（图4-1）。

[1]《全唐诗》第301卷第46首。
[2]《全唐诗》第386卷第25首。
[3]《南史》，中华书局，1975年，第934页。
[4]《陈书》，中华书局，1972年，第396页。
[5]（五代）孙光宪：《北梦琐言》，《丛书集成初编》，中华书局，1985年，第84页。
[6]转引自麻国钧、麻淑云：《中国传统游戏大全》，农村读物出版社，1990年，第101页。

图 4-1　新疆阿斯塔那唐墓出土　贵妇弈棋图

图 4-2　法门寺出土唐代银茶具　弈棋图

陕西宝鸡市扶风法门寺的地宫出土的一件唐代银茶具上也刻绘了一幅"弈棋图"。画面中有一大大的棋盘，两侧各坐有一弈棋者，后侧还有一旁观者（也或许是裁判）。该图中的棋盘上纵横各刻有 7、8 条线，与新疆阿斯塔那唐代绢画《贵妇弈棋图》中的棋盘相比，茶具所绘更具象征性，绢画中刻 17 条线的棋盘则更写实（图 4-2）。

敦煌壁画中也绘有不少反映围棋活动情景的画面。如莫高窟五代第 61 窟西壁《佛传》故事屏风画中，根据《佛本行集经·角术争婚品》"博弈掎蒲、围棋、双六、握槊、投壶、掷绝、跳坑、种种诸技，皆悉备现。如是技能，所试之者，而一切处，太子皆胜"①的内容绘悉达多太子弈棋图。画面中绘太子与一释子下围棋，另有几位释子在旁侧观看（图 4-3）。由于画面漫漶，图中的棋盘已看不清楚，但根据其他壁画中所绘的棋盘可推断此图的棋盘应具有象征意义。榆林窟五代第 32 窟北壁《维摩诘经变》中有一幅"对弈图"，画面中绘一长条状棋盘，棋盘中纵刻有 11 条线，横刻有 17 条线，显然非完全写实。棋盘两侧各有一弈棋者，一人

① 《大正藏》第 3 册，第 711 页。

图 4-3　五代第 61 窟西壁　佛传·弈棋

正举手走棋，另一人则凝神观局。棋盘后方还有一旁观者，也可能是裁判（图 4-4）。又如莫高窟宋代第 454 窟东壁《维摩诘经变》中绘一矮桌上布棋盘。棋盘上纵横均只有 9 条线，显然亦非完全写实。矮桌两侧各坐一人，均欲用右手布子，显示双方正在鏖战。画面右侧绘维摩居士旁观（图 4-6）。第 454 窟中心佛坛上清代绘的屏风画内也有一幅"对弈图"，画面中绘一长桌，桌上放一棋盘。棋盘横刻 14 条线，纵刻 12 条线，亦非完全写实。长桌两侧各有一老者作对弈状，另有一人伏在桌旁观看，颇为生动（图 4-5）。

以上所介绍的绢画以及壁画中所绘棋盘均非写实。壁画中所绘棋盘是否完全写实，涉及一些壁

图 4-4　榆林窟五代第 32 窟北壁　维摩诘经变·弈棋

画的定名。如莫高窟中唐第 7 窟《维摩诘经变》中的"弈棋图",有学者认为该图中"棋盘左右各六路,乃双陆博戏",故一直将其定名为"双陆图"。但结合榆林窟五代第 32 窟北壁、莫高窟宋代第 454 窟东壁等《维摩诘经变》中的"弈棋图"来看,莫高窟中唐第 7 窟《维摩诘经变》中的"弈棋图"绝不是"双陆图",而是"围棋图"。该画面中绘一矮桌上布棋盘,矮桌两侧各坐一人正作对弈状,矮桌后侧中央有一观棋者(图 4-7)。经笔者仔细辨认,棋盘并非所谓的"左右各六路"。

图 4-5 第 454 窟佛坛上清代绘屏风画 弈棋

敦煌石窟除了壁画中保存有当时围棋活动的图像资料外,藏经洞出土文献中也有不少反映围棋活动的记载。如 S.5725《失名类书》云:"玉女降,帝与之围棋甚娱。"S.102《梵网经佛说菩萨心地戒品》中云:"善佛子……不得樗蒲、围棋、波罗塞戏、弹棋、六博、拍鞠、掷石、投壶。"P.2718《王梵志诗一卷》云:"双陆智人戏,围棋出专能。解时终不恶,久后与仙通。"

图 4-6 宋代第 454 窟东壁 维摩诘经变·弈棋

图 4-7 中唐第 7 窟东壁 维摩诘经变·弈棋

①《新唐书》,中华书局, 1975年,第1045页。

关于围棋,敦煌文献中最重要的是 S.5574《棋经一卷》(图 4-8)。该写卷作者不详,"棋经一卷"是其尾题,卷首约残 3～5 行,实存 159 行,2400 余字。正文第一篇篇名已佚,其余为《诱证[篇]第二》《势用篇第三》《象名[篇]第四》《释图势篇第五》《棋制篇第六》和《部帙篇第七》。附录有三篇:《棋病法》《棋法》(原佚篇名)和梁武帝萧衍的《棋评要略》。根据文中忌讳,有学者认为此书原成于北周,是中国现存最早的围棋理论著作,不过其抄写年代尚未确定。

据《新唐书》卷四十记载:"沙州敦煌郡……土贡:棋子。"① 《通典》卷六亦载:"敦煌郡:贡棋子二十具。"敦煌市博物馆藏《天宝年间地志残卷》亦载:"敦煌沙州:贡棋子。"1980 年敦煌的寿昌古城址北门出土一批围棋子及大量半成品和毛坯。棋子呈

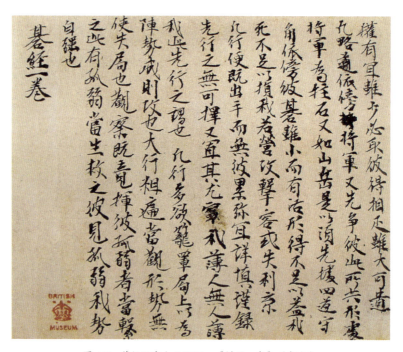

图 4-8 藏经洞出土 S.5574 《棋经一卷》(部分)

圆饼状，中间两面突起，直径约 1.2 厘米，中厚约 0.75 厘米，重 12 克左右，为玉石或花岗石质地，磨制精细，外形美观，光泽宜人（图 4-9）。由此可知，古代敦煌地区不仅流行围棋活动，同时也自产围棋子。

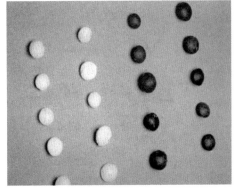

图 4-9　寿昌城遗址出土的棋子　敦煌市博物馆藏

各把沈香双陆子

双陆是博戏中的一种，它原非我国所创，而是舶来之品。关于双陆的来源，有多种说法。据宋代高承撰《事物纪原》卷九"博弈嬉戏"记载，三国时曹魏"陈思王曹子建制双陆，置投子二"[①]。明代俞弁撰《山樵暇语》则认为"双陆出天竺（今印度），……其流入中国则自曹植始之也"[②]。虽然这两种看法在双陆的起源上相异，但均认为双陆出现在汉魏之际。明代谢肇淛《五杂俎》卷六"人部"则云："双陆一名握槊，本胡戏也，……曰握槊者，象形也；曰双陆者，子随骰行，若得双六则无不胜也。又名'长行'，又名'波罗塞戏'。"[③]

关于握槊，据《魏书·术艺传》记载："赵国李幼序、洛阳丘何奴并工握槊。此盖胡戏，近入中国，云胡王有弟一人遇罪，将杀之，弟从狱中为此戏以上之，意言'孤则易死也'。"[④]

关于波罗塞戏，隋章安顶法师撰、唐天台沙门湛然再治《大般涅槃经疏》卷十四云："波罗塞者，梁武云：'是双陆此起近代，牵道是夹食，八道行成是塞戏。'"[⑤] 又，唐代法藏撰《梵网经菩萨戒本疏》云："不得下博戏戒。于中有九种戏，第三波罗塞戏，是西国兵戏法。谓二人各执二十余小玉，乘象或马，于局道所争得

① （宋）高承：《事物纪原》,《丛书集成初编》, 中华书局, 1985 年, 第 348 页。

② 转引自崔乐泉：《体育史话》, 中国大百科全书出版社, 2000 年, 第 111 页。

③（明）谢肇淛撰, 郭熙途校点：《五杂俎》, 辽宁教育出版社, 2001 年, 第 123 页。

④《魏书》, 中华书局, 1974 年, 第 1972 页。

⑤《大正藏》第 38 册, 第 123 页。

要路以为胜也。……五言六博者有二种释，一云即双六是也，一云别数六种博戏。"①

不过，双陆与握槊、长行是有一些区别的。唐代李肇《唐国史补》卷下记载长行之法"生于握槊，变于双陆"。清代周亮工《书影》卷五也云："李易安《打马图》序云：长行、叶子、博塞、弹棋世无传焉。若云双陆即长行，则易安之时，已无传矣。岂双陆于当时，易安独未之见；或不行于当时，反盛于今日也！则长行非双陆明矣。"②

双陆的棋具一般有枰（棋盘）、马（棋子）和骰子三种。棋盘为长方形，左右各刻有一个半月形门，门的两边各刻六个圆点，标志着十二路，又称梁。宋代洪遵的《谱双》说："双陆，率以六为限，其法左右各十二路，号曰梁。"③日本现存的《双陆锦囊钞》记述了双陆棋的棋具和基本玩法："棋盘上下各12道，棋子黑白各15枚。黑棋自上左向右行，再由下右向左行。白棋自下左向右行，再由上右向左行。比赛时，二人对坐，相互掷骰子行棋。共有骰子两个。如掷得二与三，掷者任选自己的棋子，一子行二，一子行三。首先把全部棋子走进最后六条刻线以内的，即或全胜。"④

唐至元代，都盛行双陆博戏。如唐代王建《宫词一百首》中云："分朋闲坐赌樱桃，收却投壶玉腕劳。各把沈香双陆子，局中斗累阿谁高。"⑤温庭筠《南歌子》云："井底点灯深烛伊，共郎长行莫围棋。玲珑骰子安红豆，入骨相思知不知。"⑥李贞白《咏罂粟子》云："倒排双陆子，希插碧牙筹。既似牺牛乳，又如铃马兜。鼓捶并瀑箭，直是有来由。"⑦南宋周密《浣溪沙》云："浅色初裁试暖衣。画帘斜日看花飞。柳摇蛾绿妒春眉。象局懒拈双陆子，

①《大正藏》第40册，第649页。
② 转引自麻国钧、麻淑云：《中华传统游戏大全》，农村读物出版社，1990年，第151页。
③（宋）洪遵：《谱双》卷5，《丛书集成初编》，中华书局，1991年，第37页。
④ 转引自毕世明：《体育志》，上海人民出版社，1998年，第171页。
⑤《全唐诗》第302卷第1首。
⑥《全唐诗》第583卷第58首。
⑦《全唐诗》第870卷第67首。

宝弦愁按十三徽。试凭新燕问归期。"元代关汉卿《一枝花·不伏老》中云："我也会围棋，会蹴鞠，会打围，会插科；会歌舞，会吹弹，会咽作，会吟诗、会双陆。你便是落了我牙，歪了我嘴，瘸了我腿，折了我手，天赐与我这几般儿歹症候，尚兀自不肯休！"①

台北故宫博物院藏有一幅《内人双陆图》，画中两个贵妇

图 4-10　内人双陆图　台北故宫博物院藏　（引自邹文主编：《中国艺术全鉴·中国绘画经典》，人民美术出版社，2000 年）

相对而坐，正在下着双陆棋，旁边还立两个女子，出神地盯着棋盘。画中的双陆棋盘设计精巧而实用，制作十分精美。两层底座将棋盘托到合适的高度，中间的横档既可使整个结构更牢靠，上面也可以搁置杯盏杂物，十分方便。画中的棋局似乎才开始不久，两个妇人的棋子还都在己方的内外格中。从图中妇人的姿态与神色看，两个人应该是此中熟手（图 4-10）。

宋末元初人陈元靓《事林广记》中也刻有当时流行的"打双陆图"，对双陆的棋具、格式、布局以及场景等，都有形象生动的描绘（图 4-11）。

① 朱东润主编：《中国历代文学作品选（下编第一册）》，上海古籍出版社，1980 年，第 93 页。

图 4-11 （元）陈元靓《事林广记》中的"打双陆图"（引自麻国均、麻淑云：《中华传统游戏大全》，农村读物出版社，1990 年）

1973 年，新疆吐鲁番阿斯塔那唐墓中出土了一件双陆棋盘，长 20.8 厘米，宽 10 厘米，高 7.5 厘米。长方形的棋盘上，用螺钿镶成的花眼来标示棋格，每边的左右各有六个。棋盘长边的中央有月牙形的门，棋盘正中央则隔出一块区域，装饰有花枝飞鸟等图案。这件棋盘制作精细，属明器精品（图 4-12）。

图 4-12 新疆阿斯塔那唐墓出土 双陆棋盘

1974 年，辽宁法库县叶茂台 7 号辽墓中出土了一副双陆棋具。棋盘长 52.8 厘米，宽 25.4 厘米，左右两个长边各以骨片嵌制了 12 个圆形的路标和一个新月形的门标。棋子为尖顶平底，中有束腰，高 4.6 厘米，底径 2.5 厘米，共 30 枚，一半为白子，一半为黑子。两枚骰子出土时已朽。这是迄今为止国内发现的最为完整的一套双陆棋具，与宋代洪遵《谱双》中的"北双陆"棋盘的纹样相一致（图 4-13、4-14）。

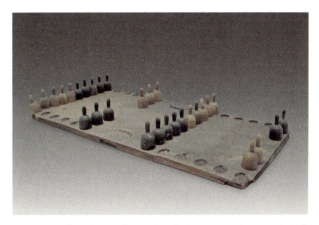

图 4-13　辽宁法库县叶茂台 7 号辽墓出土　双陆棋具　辽宁省博物馆藏

1980 年，甘肃省武威市南营乡青嘴湾弘化公主墓出土了 21 枚唐代双陆棋子。这些棋子为象牙质，底径约 1.6 厘米，高约 1.7 厘米，重约 80 克。棋子皆为半球体，底部圆平，顶部另嵌圆球形短柄，状如截柿，表面浅雕各色花朵、飞鸟、蝴蝶等图案，部分棋面涂红彩（图 4-15）。

图 4-14　辽宁法库县叶茂台 7 号辽墓出土　双陆棋具中的骰子
辽宁省博物馆藏

敦煌藏经洞出土文献中也有描写双陆博戏活动的内容。如 P.2999《太子成道经》记载："是时净饭大王，为宫中

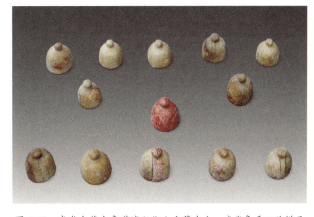

图 4-15　武威南营乡青嘴湾弘化公主墓出土　唐代象牙双陆棋子

无太子，优（忧）闷寻常不乐，或于一日，作一梦，[梦见]双陆频输者，明日，[即]问大臣是何意旨。大臣答曰：'陛下梦见双陆频输者，为宫中无太子，所以频输。'"[①]又，P.3883《孔子项托相问书》记载："夫子曰：'吾车中有双陆局，共汝博戏如何？'小儿答曰：'吾不博戏也。天子好博，风雨无期；诸侯好博，国事不治；吏人好博，文案稽迟；农人好博，耕种失时；学生好博，忘读书诗；小儿好博，答挞及之。此是无益之事，何用学之！'"[②]又，P.2718《王梵志诗一卷》云："双陆智人戏，围棋出专能。解时终不恶，久后与仙通。"

不过，到目前为止，敦煌壁画中尚未发现有关双陆博戏活动的图像描绘。有些专家学者的论著中，反复将莫高窟中唐第7窟《维摩诘经变》中的"弈棋图"定名为"双陆图"[③]。然而，这幅莫高窟中唐第7窟《维摩诘经变》中的"弈棋图"绝不是"双陆图"。结合榆林窟五代第32窟北壁、莫高窟宋代第454窟东壁等洞窟《维摩诘经变》中的"弈棋图"来看，这幅图中的棋盘应该是围棋棋盘。榆林窟第32窟北壁所绘棋盘纵刻11条线，横刻17条线，莫高窟第454窟东壁中所绘棋盘上纵横均只有9条线，虽然这两幅画中的棋盘与实际的围棋棋盘不同，但结合盘中的棋子布局可以判断为围棋棋盘无疑。莫高窟中唐第7窟《维摩诘经变》中的"弈棋图"与这两幅图中所绘棋盘几乎完全相同。并且，中唐第7窟中的棋盘与前面所述阿斯塔那唐墓、法库县叶茂台辽墓以及《事林广记》中的"打双陆图"和台北故宫博物院藏"内人双陆图"中的双陆棋盘相比，形状、格式等都相距甚大，尤其是没有双陆棋盘上最具特征的月牙形门标。因此，即使棋盘上确实是"左右各六路"，也不能断定其为"双陆图"。

①王重民等编：《敦煌变文集（上集）》，人民文学出版社，1957年，第287页。
②王重民等编：《敦煌变文集（上集）》，人民文学出版社，1957年，第232页。
③谭蝉雪：《敦煌石窟全集·民俗画卷》，（香港）商务印书馆，1999年，第52页；李重申、李金梅：《忘忧清乐：敦煌的体育》，甘肃教育出版社，2007年，第94、95页。

画栏红紫斗樗蒲

樗蒲，也是一种棋类游戏。唐代李翱撰，元革注《五木经》云："樗蒲，古戏，其投有五，故白呼为'五木'。"[①]即因所投掷骰子为五枚一组，樗蒲又称为"五木"。

由相关史料记载可知，樗蒲之戏大体可分为行棋和不行棋的两种。不行棋的樗蒲，就是纯粹以掷五木看得采情况来判别胜负。所谓"五木"，即是五枚用木头斫成的掷具，都是两头圆锐，中间平广，像压扁的杏仁。每一枚掷具都有两面，一面涂黑，一面涂白，黑面上画有牛犊，白面上画有野鸡。游戏时，将五枚掷具同时掷出，任其转跃后躺倒，然后看其由朝天一面配成的不同的排列组合，即所谓"采"。其中五枚全黑是最高的采，称"卢"。四黑一白为"雉"，是仅次于"卢"的好采。将赌博称为"呼卢喝雉"，就出典于此。另外还有如三黑二白、二黑三白、一黑四白，乃至五枚全白等的情况，皆有名称，其中全白为恶采。根据得采情况来判别胜负，其原理就如同掷骰子。

行棋的樗蒲有枰、杯、矢、马四种棋具：盘即棋盘；杯即后世骰盆的前身；矢即五木，乃骰子前身；马即棋子。游戏时，参与者手执五木，掷在杯中，按所掷采数执马行棋，相互追逐，也可吃掉对方之子，谁先走到尽头便是胜利者。这种行棋的樗蒲之戏，与六博、双陆等博戏类似。

关于樗蒲的起源，据东汉马融《樗蒲赋》记载："伯阳入戎，以斯消忧。"[②]说老子西出函谷，在远离故乡的日子里，常以此戏排遣惆怅。《博物志》中亦云："老子入西戎，造樗蒲。"[③]因此，有人猜测樗蒲先在西域地区流行，大约在西汉时传入中原。因此就出现老子入西戎而制樗蒲的传说。但是，也有人认为樗蒲

① (唐) 李翱撰，元革注：《五木经》，《丛书集成初编》，中华书局，1985 年，第 1 页。
② (唐) 欧阳询：《艺文类聚 (三)》，中华书局，1965 年，第 1278 页。
③ (晋) 张华：《博物志》，《丛书集成初编》，中华书局，1985 年，第 73 页。

是从六博演变而来，所谓"老子入西戎，造樗蒲"，只是为抬高博戏的身价而已。又，《晋书》卷六十六云："樗蒲者，牧猪奴戏耳。"①"牧猪奴"即对西域游牧胡族的蔑称。

佛经中也有不少关于樗蒲博戏的记载。如后汉昙果、康孟详合译《中本起经》云："有婆罗门……走出祇洹，见二人樗蒲，心自念言：'此必智者，能解我疑。'"②又，三国时期吴支谦译《菩萨本缘经》云："世间恶子多诸过患，饮酒樗蒲贪色费用。"③又，东晋竺昙无兰译《寂志果经》云："若有沙门梵志，受人信施食，行樗蒲博戏，所住非法，其行不一。"④北凉昙无谶译《优婆塞戒经》云："如法护国远七种恶：一者不乐樗蒲围棋六博，二者不乐射猎，三者不乐饮酒，四者不乐欲心，五者不乐恶口，六者不乐两舌，七者不乐非法取财。"⑤又，北魏吉迦夜、昙曜合译《杂宝藏经》云："时有夜叉鬼，……担如意珠，现作贾客，往诣迦尸国，至于王边共王樗蒲，赌如意珠。王以国土库藏比图酰等，复作一分，以对其珠。"⑥

唐代樗蒲之戏十分流行。如岑参《送费子归武昌》诗云："知君开馆常爱客，樗蒱百金每一掷。"⑦又如韦应物《逢杨开府》诗云："身作里中横，家藏亡命儿。朝持樗蒲局，暮窃东邻姬。"⑧李群玉《湘妃庙》诗云："相约杏花坛上去，画栏红紫斗樗蒲。"⑨李远《友人下第因以赠之》诗云："刘毅虽然不掷卢，谁人不道解樗蒲。黄金百万终须得，只有授莎更一呼。"⑩和凝《宫词百首》诗云："锦褥花明满殿铺，宫娥分坐学樗蒲。欲教官马冲关过，咒愿纤纤早掷卢。"⑪

敦煌文献中也有不少关于樗蒲的记载。如S.610《启颜录》中有"可不闻樗蒲人云：'三个秃不敌一个卢'"之语，"三个秃"

①《晋书》，中华书局，1974年，第1774页。

②《大正藏》第4册，第159页。

③《大正藏》第3册，第58页。

④《大正藏》第1册，第273页。

⑤《大藏经》第24册，第1046页。

⑥《大正藏》第4册，第487页。

⑦《全唐诗》第199卷第16首。

⑧《全唐诗》第190卷第65首。

⑨《全唐诗》第570卷第85首。

⑩《全唐诗》第519卷第32首。

⑪《全唐诗》第735卷第1首。

指三个白子，当然比不上全部是黑子的"卢"。又如
P.2418《父母恩重经讲经文》（图4-16）云："贪欢逐
乐无时歇，打论樗蒲更不休。"在敦煌地区也有许多儿
童迷恋此博戏。但家长对此持反对态度，担心孩子会
学坏，故P.2418《父母恩重经讲经文》又云："伴恶人，
为恶迹，饮酒樗蒲难劝激；常遣慈亲血泪垂，每令骨
肉怀愁戚。"S.525《搜神记一卷》亦叙及人们在田间
地头进行樗蒲博戏："管辂……语颜子曰：'卿昨日刘
麦处南头大桑树下，有三人搊蒲博戏，卿今将酒脯前
头，自取食之。若即问卿时，但向拜之，慎勿言，其
中有一人救卿，吾心在卿耳。'颜子用管辂之言，即将
酒脯往桑树下，有三人搊蒲博戏，前后甚有骑从。颜
子遂酌酒与之，其人把酒即饮。博戏向毕，北边坐人
举头见颜子……"[1]又，P.3266《王梵志诗残卷》诗云：
"男年十七八，莫遣倚街衢，若不行奸盗，相构即樗
蒲。""饮酒妨生计，樗蒲必破家。但看此等色，不久
作穷查。"[2]谈及樗蒲与赌博的关系。如此等等，真实
反映了唐宋时期敦煌地区流行樗蒲博戏的情况。

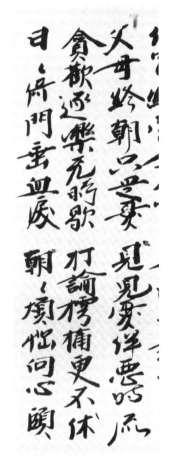

图4-16　P.2418《父母恩重经
讲经文》（局部）

更怜花月夜，宫女笑藏钩

　　藏钩是古代民间的一种集体游戏，也是一种博戏，男女老少
均可参与。游戏时以一枚彄环（即妇女所用的顶针之类）为道具。
游戏的过程中会出现种种逗引的情态，弄得满堂欢声笑语，娱乐
性很强。

　　相传藏钩游戏起自汉代宫廷，宗懔《荆楚岁时记》云："岁前，

[1] 郝春文主编：《英
藏敦煌社会历史文
献释录（第三卷）》，
社会科学文献出版
社，2003年，第5、
6页。

[2] 张锡厚校辑：《王
梵志诗校辑》，中华
书局，1983年，第
118、120页。

又为藏弭之戏，始于钩弋夫人。"①钩弋夫人即汉昭帝母，武帝后，姓赵氏。初入宫时，为婕好。据说她出生时就两手攥拳，从不伸开。汉武帝为之分开，在手中得一钩。后人作藏钩游戏，以效赵婕好。尔后，藏钩游戏在宫中民间流传不绝。

关于藏钩的玩法，据晋代周处《风土记》记载："义阳腊日祭后，曳姬儿童，为藏钩之戏，分为二曹，以较胜负。若人偶则敌对，人奇则奇人为游附；或属上曹，或属下曹，名为'飞鸟'，以齐二曹人数。一钩藏在数手中，曹人当射知所在，一藏为一'筹'，三筹为一'都'。"②由此可知，进行藏钩时，参与者会分为两队。若参与者总数为单数时，会有一人游弋于两伙人之间，名曰"飞鸟"。"钩"是一种玉或金属的环状物，藏在甲伙某一人的手中，让乙伙人猜，猜中则赢一筹，不中则输一筹，以三筹为一都。一都，即今天所说的"一轮"。

晋代庾阐写有一篇《藏钩赋》，生动描写了当时人们玩藏钩游戏的情景："叹近夜之藏钩，复一时之戏望。以道生为元帅，以子仁为佐相。思朦胧而不启，目炯冷而不畅。多取决于公长，乃不咨于大匠。钩运掌而潜流，手乘虚而密放。示微迹于可嫌，露疑似之情状。辄争材以先叩，各锐志于所向。意有往而必乖，策靡陈而不丧。退怨叹于独见，慨相顾于惆怅。夜景焕烂，流光四骈。同朋海其夙退，对者催其连射。忽攘袂以发奇，探意外而求迹。奇未发而妙待，意愈求而累僻。疑空拳之可取，手含珍而不摘。督猛炬而增明，从因朗而心隔。壮颜变成衰容，神材比为愚策。"③

凡古人善于藏钩的，都善于心理分析，察对方之言，观对方之色，以断定钩所藏处。因此，藏钩游戏实际上也是一种心理比赛。段成式《酉阳杂俎》记曰："举人高映善意弭，成式尝于荆州

①（南朝梁）宗懔：《荆楚岁时记》，《丛书集成初编》，中华书局，1991年，第16页。
②（唐）欧阳询：《艺文类聚（三）》，中华书局，1965年，第1280页。
③（唐）欧阳询：《艺文类聚（三）》，中华书局，1965年，第1281页。

藏钩，每曹五十余人，十中其九，同曹钩亦知其处，当时疑有他术，访之。映言：'但意举止辞色，若察囚视盗也'。"①高映善于观察对方的"举止辞色"，故在藏钩游戏时每猜必中。

藏钩游戏在唐代十分流行，文人的诗词中有很多描写。如李白《宫中行乐词》诗云："更怜花月夜，宫女笑藏钩。"②岑参《敦煌太守后庭歌》诗云："醉坐藏钩红烛前，不知钩在若个边。"③皮日休《登初阳楼寄怀北平郎中》诗云："投钩列坐围华烛，格簺分朋占靓妆。"④"投钩"即为藏钩。白居易《放言五首》诗云："祸福回还车转毂，荣枯反覆手藏钩。……不信君看弈棋者，输赢须待局终头。"⑤张说《赠崔二安平公乐世词》亦云："十五红妆侍绮楼，朝承握槊夜藏钩。"⑥

藏钩也是当时流行于宫廷的一种博戏。花蕊夫人《宫词》云："管弦声急满龙池，宫女藏钩夜宴时。好是圣人亲捉得，便将浓墨扫双眉。"⑦输了就用墨画花脸，这种奖罚方式极具趣味性。路德延《小儿诗》则描绘了当时儿童玩藏钩游戏的情景："抛果忙开口，藏钩乱出拳。"⑧

敦煌出土文献中也保存有不少关于藏钩游戏的记载。如S.6171《唐宫词》云："欲得藏钩语少多，嫔妃宫女任相和。每朋一百人为定，遣赌三千疋练罗。两朋高语任争筹，夜半君王与打钩。恐欲天明催促漏，赢朋先起舞缠头。"一次藏钩游戏的参与者多达二百人，每队一百人，胜者每人可得到三十疋练罗。帝王同戏，通宵达旦，可见唐代宫中的藏钩游戏规模之大。

又如S.4474《释门杂文》（图4-17）云："藏钩：公等设名两扇，列位分朋，看上下以探筹，睹（赌）争胜负。或长行而远眺，望绝迹以无纵（踪）；远近劳藏，或度貌而难恻（测）。钩母怕情

①（唐）段成式：《酉阳杂俎》，《丛书集成初编》，中华书局，1985年，第49页。

②《全唐诗》第28卷第42首。

③《全唐诗》第199卷第23首。

④《全唐诗》第613卷第63首。

⑤《全唐诗》第438卷第80首。

⑥《全唐诗》第86卷第71首。

⑦《全唐诗》第798卷第1首。

⑧《全唐诗》第719卷第3首。

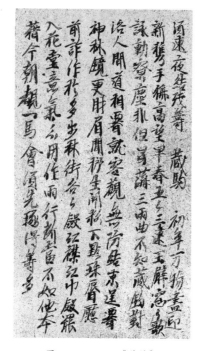

图 4-17　S.4474《释门杂文·藏钩》　　　图 4-18　S.2049《藏钩》

而战战，把钩者胆碎以兢兢，恐意度心，直擒断行。或因言而□（失）马，或因笑以输筹，或含笑而命钩，或缅鲜（腼睓）而落节。连翩九胜，踯躅十强，叫动天崩，声遥海沸，定强弱于两朋，建清斋于一会。"此文对参与藏钩游戏者的状貌情态作了具体描写。比较特别的是，此游戏之文归入《释门杂文》之列，把游戏与斋会联系起来，"定强弱于两朋，建清斋于一会"，可见佛教的渗透力涉及社会生活的各个方面。

又如 S.2049、P.2544《藏钩》（图 4-18）诗云："初年万物尽迎新，携手□高望早春。五五三三连玉辟，窗窗歌咏动寮尘。非但□□三两曲，不知藏钩对洛人。闻道相腰（邀）就容观，无防结束逞腰神。林（临）镜更时眉间柳，生开粉下点珠唇。厅前诈作于多步，林（临）街各各敛红襟。红巾敛罢入花堂，意气分朋作两行。断当不如他本藉，今朝睹（赌）一马，会须先琢得筹多。"该诗咏初春时节女子相邀玩藏钩游戏的情景。又，京河字 12 号《父母恩重经讲经文》云："几度亲情命看花，数遍藏钩夜欢笑。"也生动形象地描写了当时敦煌民间盛行藏钩游戏的场景。

第五章

文字类游戏

　　文字游戏，是利用排列组合、拆分离合、图像等形式，以及回文、顶真、反复、重叠、谐音、飞白等修辞方法让人猜测、联想、寻味，从中获得愉悦的游戏。

　　文字游戏大多在内容上贴近现实生活，视觉上给观者以美感，形式上含蓄迷离，发人联想，令人品味。如刘勰《文心雕龙·谐隐》中云："谐之言皆也，辞浅会俗，皆悦笑也。……循辞以隐意，谲譬以指事也。……君子嘲隐，化为谜语。谜也者，回互其辞，使昏迷也。或体目文字，或图象品物，纤巧以弄思，……夫观古之为隐，理周要务，岂为童稚之戏谑，搏髀而抃笑哉？"

　　文字游戏兼具通俗性、趣味性、互动性和娱乐性等特点，需要作者或游戏参与者具有一定的文化知识、文学修养、审美能力和闲情逸致。

　　在敦煌藏经洞出土的文献中，保存有一些敦煌唐宋时期的文字游戏，如方角书、四角诗图、离合字诗图、十字诗图、谜语、重出字与叠字诗、鸟形押、药名诗等。

以形写意的方角书

　　敦煌文献 S.5644《方角书》即《方角诗》，是回文诗的一种。回文，又称回环，是利用词语的回环往复造成的一种辞格，是一种文字游戏，颇为难作，需要在诗词方面有一定的造诣，因此主要流行于古代文人中。

　　回文早在魏晋时期便已出现。据《晋书·窦滔妻苏氏传》记载："窦滔妻苏氏，始平人也，名蕙，字若兰。善属文。滔，苻坚时为秦州刺史，被徙流沙。苏氏思之，织锦为回文旋图诗以赠滔，宛转循环以读之，词甚凄惋，凡八百四十

①《晋书》,中华书局,1974年,第2523页。
② 转引自麻国钧、麻淑云：《中华传统游戏大全》,农村读物出版社,1990年,第436页。

字。"①据《说郛》卷七十八记载，武则天曾撰《织锦璇玑图序》云：该锦"纵广八寸，题诗三千余首"，即谓三千余首诗是由八百四十字宛转循环读之而成的②。苏蕙的故事在元、明、清三代广为流传，有很多以这个故事为题材的戏剧作品，如元代关汉卿《苏氏造织锦回文》杂剧，明初无名氏《织锦回文》戏文，清人洪昇《回文锦》传奇，可惜这些作品都已失传。

在敦煌文献保存的诗歌作品中，有几首形式独特的回文诗，S.5644《方角书》（图5-1）是其中的一首。全诗共计40字，中间以36字纵横各六行排列，每行六字，外围四角各一字。从中心"江"字起，依次用横线连接，组成一个方角的"回"字形图案。右上方有书题"方角书一首"，左下方有题记"怀庆书"三字。原

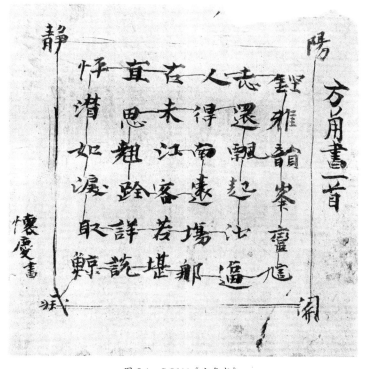

图5-1 S.5644《方角书》

卷墨笔抄写，字迹清晰工整，保存完好。该卷被斯坦因掠走，编号为 S.5644，现存英国。

这首《方角书》是一首五言古体诗，从中心的"江"字起句，依照横线顺时针连接的顺序，每五字一顿作一句，图示并解读如下：

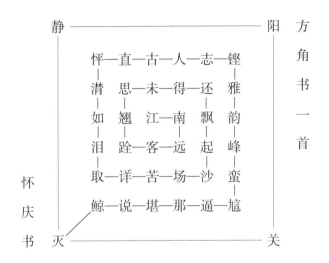

原诗读作：江南远客跧，翘思未得还。飘起沙场苦，详取泪如潸。怦直古人志，铿雅韵峰蛮。尨逼那堪说，鲸灭静阳关。

据学者研究，《方角书》是公元 8 世纪的写本。据《通鉴》卷二百二十三记载："唐自武德以来，开拓边境，地连西域，皆置都督、府、州、县。开元中，置朔方、陇右、河西、安西、北庭诸节度使以统之，岁发山东丁壮为戍卒，缯帛为军资，开屯田，供糇粮，设监牧，畜马牛，军城戍逻，万里相望。"天宝初年，在河西一带边境戍兵：安西节度使统兵二万四千，北庭节度使统兵二万，河西节度使统兵七万三千，陇右节度使统兵七万五千。唐玄宗时期，边镇戍兵总数经常有六十余万人，可见盛唐时代在边塞屯兵之多。《方角书》大概就写于这个时代，作者可能是戍边军旅中的文人学士。①

① 梁梁：《〈方角书一首〉试析》,《敦煌研究（创刊号）》,甘肃人民出版社,1983 年。

① 季羡林主编：《敦煌学大辞典》，上海辞书出版社，1998年，第556页。

图 5-2　S.5648《四角诗图》之一

图 5-3　S.5648《四角诗图》之二

作者在诗中直抒胸臆，开门见山，虽然"江南远客跧，翘思未得还"，但还是积极地去"怦直古人志"，把回家的希望寄托于"鲸灭静阳关"之后，这样久戍思归就跃而为凯旋，升华了主题。

全诗以"还"亦即"回"的感情线索来结构，所以，作者采用了从中央起往周围及四角环绕的文字排列形式，四十个字组成套迭的"回"字形，以方角的回文形格来表现这一主题，即以形写意。敦煌文献中的这首《方角书》，把深刻的思想内涵与相应的艺术形式完美地结合在一起，相得益彰，天衣无缝，令人玩味，显示出了作者高超的艺术技巧。

或方或圆的四角诗

敦煌文献 S.5648 写卷中有五幅《四角诗图》，或方或圆，或反或正，文字相同，皆中心书一"霜"字，上下左右或呈圆形状依次写"出门逢白""水照先人""王女景来""路结边为"等十六字。其中有两幅的"霜"字外画小四方框，其余四句外画大方框，内外两框的框角之间用直线相连；另外三幅则无框线，"霜"字外围的文字排列呈圆形状（图5-2、5-3）。

释读全诗为："出门逢白雨，路结边为霜，水照先人相，霜来景女王。"也可释读为："出门逢白霜，路结边为霜，水照先人霜，王女景来霜。"

有学者认为这首诗蕴涵着对公元 10 世纪初敦煌金山国建立之初两次战胜甘州回鹘的颂扬，而其形式上可补唐代诗体之缺。①

串菱状的离合字诗

在敦煌文献 S.3835 写卷中，有四幅《离合字诗图》，利用汉字合体字的特点进行同字离合，每句首字离之为二，再合之为一，一形三字，皆竖写成串菱形状，即为垂幌挂幅之形状（图 5-4）。其图式并解读如下：

其一	其二	其三	其四
昌	泉	裴	旻
楼　望	当　路	醋　大	不　善
出	柴	吕	悲
没　云	在　深	秀　才	慈　深
思	忘	皂	全
远　客	记　忆	罪　过	法　用
问	要	弄	會
贞　人	人　寻	人　子	言　语
呈			崔
法　用			人　来
覓			
地　之			
人			

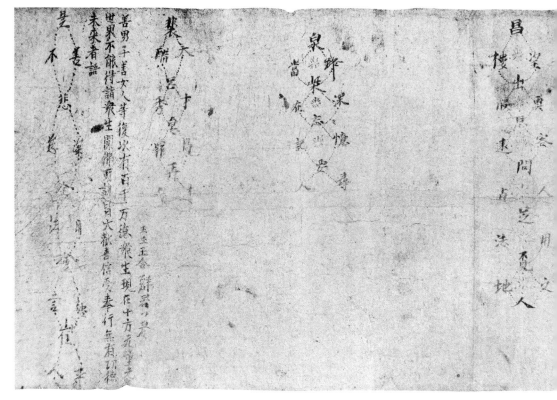

图 5-4　S.3835《离合字诗图》

其一解读作：日日昌楼望，山山出没云。田心思远客，门口问贞人。口之足法用，不见觅之人。（疑原图衍一"地"字）

其二解读作：白水泉当路，此木柴在深。亡心忘记忆，西女要人寻。

其三解读作：非衣裴醋（措）大，口口吕秀才。白七皂罪过，王廿（廿）弄人子。

其四解读作：旦之（但知）是不善，非心悲慈深。八王全法用，人曾会言语。山佳崔（催）人来。

这几首诗利用汉字合体字的特点巧妙地绘成诗图，改变诗歌每句逐字连写的刻板形式，为诗歌增加了一种新的体式。

难舍难分的十字诗

敦煌文献 P.3351v 写卷中有一幅《十字诗图》（图 5-5）。据李正宇先生的研究，该诗可能抄写于北宋开宝七年（974 年），抄写者为敦煌金光明寺沙弥王会长。

这幅《十字诗图》中是一首五言古体诗，中心的"霜"字为全诗枢纽及破读之关键。"霜"字分读之为"雨""相"二字，合读则为"霜"字。图录并解读如下：

```
          天
          阴
          逢
          白
日 照 仁 卿 霜 开 僻 文 王
          寒
          路
          结
          为
```

图 5-5　P.3351v《十字诗图》

原诗读作：天阴逢白雨，寒路（露）结为霜。日照仁卿相，雨开僻文王。

综观全诗，是说行路遇雨，雨复凝霜，继而日出，寒去而物象一新。揣其写作时地，乃当中原江北、季秋之际。江北可见霜凝，若江南则否；又观其阴而骤雨，继而雨止日出，亦非西北一带景象。故此诗虽为敦煌沙弥学郎所抄，却应该是由内地传来之作。

关于《方角书》《离合字诗图》《四角诗图》以及《十字图诗》的价值，李正宇先生认为："敦煌文学中有一些趣味性的雕虫之作。这些作品虽无关社会及人生大事，却能给人们以消遣和娱乐，有的还能于消遣娱乐之外陶冶性情或可启发智力。

S.3835 背的 4 首离合诗图就是一例。……类似的文字，还有 S.5644《方角诗》（原抄误作《方角书》）和 P.3351《十字诗图》（拟名）一首；从抄写笔迹来看，似乎都是学郎所为，大约是为终日被'子曰''诗云'所困的学郎们所用的一种调味品。"① "此盖时人游戏笔墨。诗无足取，而其体裁图式，可补唐诗之阙闻。"此类作品"改变诗歌逐字接写的刻板形式，为诗歌增加一种新的体式。内容一般化，而形式奇巧，颇堪解颐。……我国诗史上曾有过回文诗、连环诗、一至七字诗、宝塔诗、长亭诗等诸种奇特形式的诗作，但敦煌所出《十字诗图》（以及前面提到的敦煌离合诗图）为唐宋以来诗式、诗格、诗图、诗话之类著作所不载，作为诗歌史上的一种失传体裁，可为我国诗歌史补缺备遗，在诗歌史上具有独特的价值。"②

诙谐具象的谜语

敦煌文献 P.2555 为敦煌唐人诗文，其中收有 16 首物谜，有些谜底保存完好，有些谜底残缺（图 5-6）。现依原卷顺序抄录如下：

木杖。一生长养在山亭，被屈将来别立名。贵人霸（把）向场中弄，由（犹）如初月迮流星。

笔。一生长养在蓬门，久在公衙不立勋。蒙得都官配入管，平明（民）点着墨离军。

葵。一生长养在园林，数度人来皆被侵。昨日蒙君一度恰（掐），平明（民）还作雨后心。

镜。一生执节不曾亏，数个平（凭）虚被我违。十将林（临）□（门）在手捉，朝朝捉甲有何常。

六甲。一马不出五马优（忧），寒（韩）信将兵度六钩。不辞

①颜廷亮主编：《敦煌文学概论》，甘肃人民出版社，1993年，第160~162页。
②李正宇：《〈敦煌十字图诗〉解读》，《社科纵横》1994年第4期。

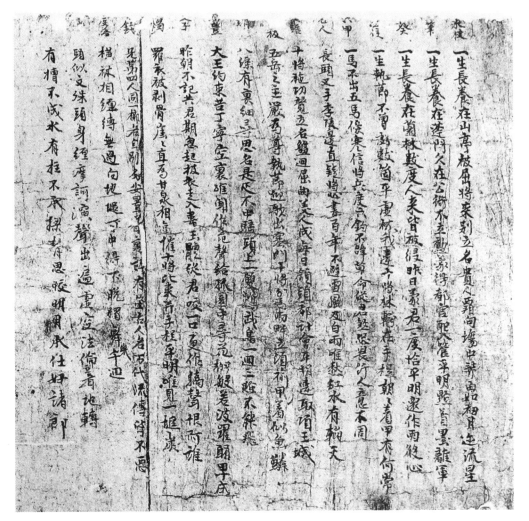

图 5-6　P.2555 谜语

草命从君煞，恐畏行人意不周。

土人。长头叉手李陵边，直疑将心尽百年。不避雷风及白雨，唯愁红（洪）水有（又）鞱（滔）天。

□。十将施功竞立名，盘回屈曲美人成。每日领头都计会，平明（民）违取项王城。

□板。五岳之主严为尊，执节迎歌出塞门。十将分马两畔立，须榆（奥）甲着似鱼鳞。

□。八彩有里细寻思，名是退不中暗□。头上一双鹦武（鹉）鸟，一回三点不能飞。

□丰。大王约束苦丁宁，空里唯闻作范（梵）声。给孤园中寻花柳，般若波罗愿早成。

□子。昨朝不记共君期，忽起披衣走入韦。玉体从君咬一口，更作骄（娇）声恨阿谁。

烛。罗衣被剥骨崖崖，直为甘泉相逼催。十将比来并手程，平明（民）唯见一堆灰。

钱。兄弟四人同一椁，各自被劣（列）安置着。里许有个古人名，万代留传皆不恶。

□度落。横被相缠缚，无过问地堆。可中得下脱，独舞几千回。

□。头似文殊头，身缠摩诃演。声出遍虚空，法伦（轮）着地转。

□。有槽不成（盛）水，有柱不承梁。□（秋）思皎明月，承仕好诸郎。

以上16首物谜中，由于写卷漫漶，谜底保存完整仅有"木杖""笔""葵""镜""六甲""土人""烛""钱"等8首，另外8首的谜底残缺。

从以上谜语中可以看到敦煌民间物谜之语言多半接近于口语，意思也浅显易懂，适合老百姓的游戏娱乐之需要，也适合老百姓增长文化知识之需要。其谜面采用的是古色古香的七绝体，艺术上的特点为：押韵而富有节奏感，诙谐而又具有形象性，好像咏物诗又似歌谣，颇利于口头传播。

重重叠叠状形声

"重出字"又叫"重出句法"，指一句、一联或一首诗中，一字或多个字重复出现。刘勰《文心雕龙·练字第三十九》云："重出者，同字相犯者也。诗骚适会，而近世忌同，若两者俱要，则宁在相犯。故善为文者，富于万篇，贫于一字，一字非少，相避为难也。"①行文遣词，诗文家皆避重出，然有时却以重出为能。如李商隐《无题》的"相见时难别亦难"、杜甫《江村》的"自去自来堂上燕，相亲相近水中鸥"、李商隐《无题四首（其二）》的"春心莫共花争发，一寸相思一寸灰"、苏东坡《中秋月》的"此生此夜不长好，明月明年何处看"、王安石《游钟山》的"山花落尽山长在，山水空流山自闲"等。

"叠字"又称"重言"，刘勰《文心雕龙·物色第四十六》云："诗人感物，联类不穷，流连万象之际，沉吟视听之区；写气图貌，既随物以宛转；属采附声，亦与心而徘徊。故灼灼状桃花之鲜，依依尽杨柳之貌，杲杲为日出之容，瀌瀌拟雨雪之状，喈喈逐黄鸟之声，喓喓学草虫之韵。"②

"叠字"与"重出"不同，"叠字"大多为形容词，或状其形，或状其声，或状其动作等。当单字不足以描摹其形态，就需要叠字来衬托，能使人想象得到其情态和兴致。诗中叠字大多以描摹形态和声音者居多，如王维《积雨辋川庄作》的"漠漠水田飞白鹭，阴阴夏木啭黄鹂"、苏东坡《台头寺步月得人字》的"泹泹炉香初泛夜，离

① 刘勰著，范文澜注：《文心雕龙注》，人民文学出版社，1958年，第625页。
② 刘勰著，范文澜注：《文心雕龙注》，人民文学出版社，1958年，第693、694页。

图 5-7 P.3597 重出字诗　　图 5-8 BD.07278v 叠字诗

离花影欲摇春"等等也是叠字妙用的佳句。

敦煌文献中也有以"重出字"和"叠字"构思而成的诗，如P.3597 和 BD.07278v 写卷中的两首（图5-7、5-8）：

其一：春日春风动，春来春草生。春人饮春酒，春鸟弄春声。

其二：高山高高高入云，真僧真真真是人。清水清清清见底，长安长长长有君。

写卷中个别字有异，P.3597 中"高山"为"高僧"，BD.07278v中"清"为"青"，"有君"为"谓君"。

这两首诗或以重出之字，或以叠字，巧妙为对，寓意于中，实为难得，显示了敦煌文人的文学功底。

鸟形图案之花押

鸟形押是花押中的一种。花押，旧时文书上的草书签名或代替签名的特种符号，即将文字图像化，具有一定的趣味性和娱乐性，展示书写者的生活情调。宋代黄伯思《东观余论》卷上"记与刘无言论书"记载："文皇（唐太宗）令群臣上奏，任用真草；惟名不得草。后人遂以草名为花押，韦陟五朵云是也。"[①]自唐代起，士大夫之间流行草书连笔署名，号为"花押"。

敦煌文献中的花押主要为鸟形押，即鸟形图案的花押，也是用作个人签名的标志符号。鸟形押在敦煌出现于五代宋时期，造型多就本人姓名中某字进行图案化加工，使之化作鸟形，亦有将字之某一部分夸张成鸟形者。

如敦煌归义军节度使曹元忠的签署押即为鸟形押。其图形为一鸟，右向前视，立于枝头。鸟形押依年代先后而略有变化：最早之形作鸟首向右，鸟形比较瘦，如 P.3160《辛亥年（951年）

①（宋）黄伯思：《东观余论·附录》，中华书局，1991年，第24页。

押衙知内宅司宋迁嗣栲破用历状并判凭》中，该押记看起来好像一只站在栖架上侧身向前观望的小鸟。稍后的鸟足与树枝的造型比较粗一点，如 S.3728《乙卯年（955 年）柴场司判凭》文书中所书。其后，鸟形较肥，如 P.3975《己未年（959年）僧保贤通行证》、P.3272《丙寅年（966 年）牧羊人兀宁状并判凭》，S.5571、S.5590《戊辰年（968 年）七月酒户邓留定支酒状并判凭》等文书中曹元忠的签署押记，犹似企鹅蹒跚行走的样子（图 5-9）。据李正宇先生研究，曹元忠签署押记皆系行书"元"字之化裁：一笔之点化作鸟首，二笔之横化作鸟翼，三笔之撇化作鸟身，四笔之右弯化作鸟足与树枝，四笔组合成为立鸟之形。

又如归义军节度使曹延禄的签署押记，也是鸟形押，如 P.3878《己卯年（979 年）都头知军资库官张富高状并判凭》、P.2737《癸巳年（993 年）驼官马善昌状并判凭》等写卷中（图 5-10），其押形状作一鸟侧身向左，双翅微展，意欲飞翔；鸟形比较肥大，乘立于走车之上，即"辶"之上；其造型，用"延"之俗体字化裁而成，"辶"则保留字体笔画，里面的图案化作鸟形，系图案与字体之合成。

鸟形押也在一般官员或普通人之间流行，如 S.376《某年正月廿四日尚书致邓法律书》是一位尚书和小娘子写给邓法律的信函，信的落款是尚书的个人签名，它用鸟形押来代替。其押形状为一鸟向右侧身，身体肥大，嗉囊隆起，与前述曹元忠、曹延禄之鸟形押明显不同

图5-9　S.5590《戊辰年（968年）七月酒户邓留定支酒状并判凭》

图 5-10　P.2737《癸巳年（993 年）驼官马善昌状并判凭》

（图 5-11）。又如俄藏敦煌文献 ДХ.1432+ДХ.3110 文书程愿富、曹住子等人向"地子仓"借贷小麦的记录，其背骑缝处有一较大的鸟形押，其形状似一鸟立于树上张望。又如 P.5014《残信札》中，在"长千"二字的下面有一鸟形押，形状为一鸟喙朝上，略向右侧身，体形偏瘦，站在一个带环形的栖架上。又，P.3400v《押衙名录》中用线条形式勾勒了两只白描的雀鸟，均向右侧身，仰头，长喙，身体翅膀间似书有一"见"字，甚为特殊（图 5-12）。

有趣的是，敦煌文献中还有练习和杂写鸟形押的卷子，如 S.189v 写卷中有多种样式鸟形押两行，整体来看非常潦草和模糊，可能是鸟形押的练习或涂鸦文字。又如 P.2133v 等写卷中也有鸟形押的练习和杂写，由此可见鸟形押之类的文字游戏在当时敦煌民间非常流行。

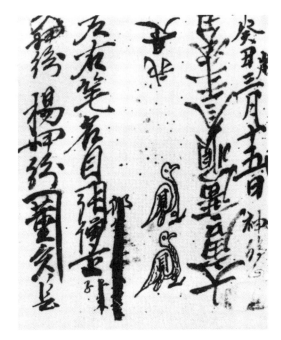

图 5-11　S.376《某年正月廿四日尚书致邓法律书》　　　图 5-12　P.3400v《押衙名录》

令人玩味的药名诗

敦煌文献 S.328、P.2794 等写卷《伍子胥变文》（图 5-13）中，有一段文字写伍子胥夫妇以药名作问答："其妻遂作药名诗问曰：'妾是仵茄之妇细辛，早仕于梁，就礼未及当归，使妾闲居独活。（高）茛姜芥，泽泻无怜，仰叹槟榔，何时远志。近闻楚王无道，遂发材狐（柴胡）之心，诛妾家破芒消（硝），屈身苜蓿（遂）。葳蕤怯弱，石胆难当，夫怕逃人，茱萸得脱。潜形菌草，匿影藜芦，状似被趁野干，遂使狂夫茛菪。妾忆泪沾赤石，结恨青箱。夜寝难可决明，日念舌干卷百（柏）。闻君乞声厚朴，不觉踯躅君前，谓言夫婿麦门，遂使苁蓉缓步。看君龙齿，似妾狼牙，桔梗若为，愿陈枳壳。'子胥答曰：'余亦不是仵家之子（栀子），亦不是避难逃人，听说途之行李。余乃生于巴蜀，长在藿乡，父是蜈公，生居贝母。遂使金牙采宝，支子远行。刘寄奴是余贱朋，徐长卿为之贵友。共渡襄河，被泥寒水伤身，三伴芒消（硝），唯余独活。每日悬肠断续（续断），情思飘飘，独步恒山，石膏难渡。

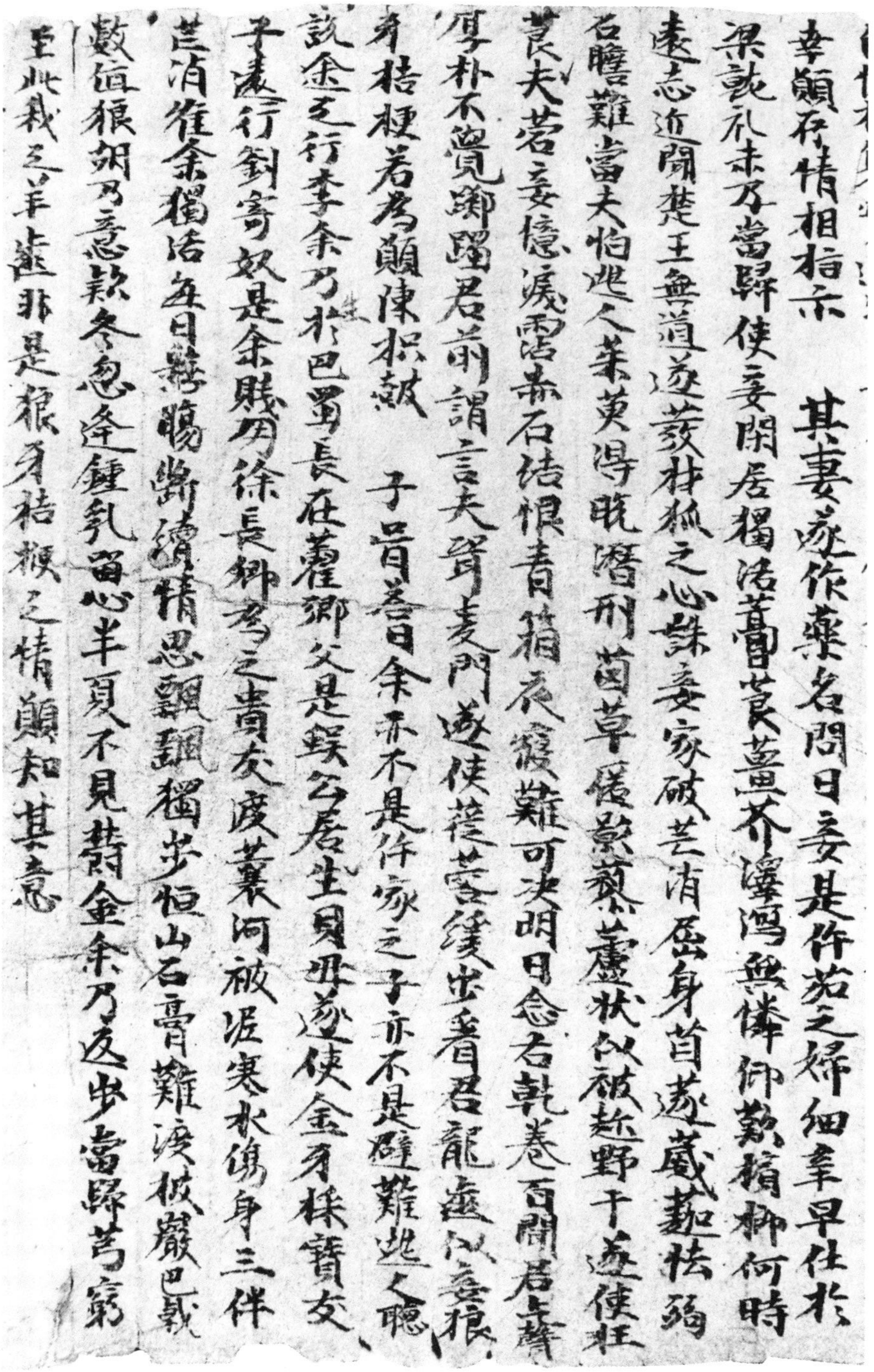

幸願存情相指示。其妻遂作藥名問曰：妾是仵茄之婦，細辛早仕於梁。就禮未及當歸，使妾閑居獨活。膏莨薑芥，澤瀉無憐，仰歎檳榔，何時遠志。近聞楚王無道，遂使妾閑居獨活之心，誅妾家破芒消，區身首遂藏勤怯弱。莨夫甘妾憶溪流赤石，結恨青箱，夜復難可決明，日念名乾卷，百聞君長罄。厚朴不覺卿蹋君莭，謂言夫貿麥門，遂使愛菫蓉，慊容著君龍遠似愛狼。身桔梗若為顛陳枳殼。

子胥善曰：余亦不是仵家之子，亦不是鱉難逃人聽。說途之行李，余乃於巴蜀長在蘿卿。父是鐵公，居生員毋，遂使金牙株賣友。子凌行到寄奴，是余賤兩徐長卿，考之貴友凌菫河，被泥寒水傷身三伴。芒消崔余獨活，年日䕞斷續精思飄飄，獨步恒山石膏難渡，披嚴巴戟。數逗狼朔乃意歎冬忽，途鍾乳留心，半夏不見黃金，余乃反步當歸莤窮。至此我乏羊躕，非是狼牙桔梗之情，顛知其意。

图 5-13　S.328《伍子胥变文·药名诗》

披岩巴戟，数值狼（柴）胡，乃意款冬，忽逢钟乳。留心半夏，不见郁金。余乃返步当归，芎穷至此。我之羊齿，非是狼牙。桔梗之情，愿知其意。'"

其中每句内嵌一药名且用其谐音，如"伜茄"谐音"伍家"、"细辛"谐"婿幸"、"高莨姜芥"谐"高亮锵介"、"泽泻无怜"谐"则许无怜"、"槟榔"谐"宾郎"、"远志"谐"远至"、"材狐"谐"柴胡"、"芒硝"谐"亡消"、"逃人"谐"桃仁"、"苁蓉"谐"从容"、"龙齿"谐"聋痴"、"似妾狼牙"谐"使妾浪讶"等等。这么一段有趣的文字夹在说唱变文之中，令读者听者耳目一新，兴趣骤然，令人玩味。

敦煌文献 S.4508 写卷（图 5-14）中也有一首失调名的药名曲子词："莨菪不归乡，经今半夏姜，去他乌头了，血傍傍。他家附子毫（豪）强，父母依意美（苡薏米）长短，桂心日夜思量。"

其中每句内也嵌一药名且用其谐音，如"莨菪"谐"浪荡"、"半夏"喻节令、"乌头"谐"屋头"、"附子"谐"夫子"、"桂心"谐"闺心"等，借以抒写闺思之情，奇巧尖新，娱目解颐。

这两段文字皆是《文心雕龙·谐隐》所谓"循辞以隐意，谲譬以指事也"，含蓄迷离，发人联想。

图 5-14　S.4508 药名词

诸如此类雕虫之作所用形式，都是一般读者听者所喜欢的，具有大众性。它们的存在，使敦煌文学中大众化体式显得更加丰富多样，也增添了生活情趣。

主要参考文献

《二十四史》，中华书局，1959～1975年。

（晋）张华：《博物志》，《丛书集成初编》，中华书局，1985年。

（唐）段成式：《酉阳杂俎》，《丛书集成初编》，中华书局，1985年。

（唐）冯贽：《云仙杂记》，《丛书集成初编》，中华书局，1985年。

（五代）孙光宪纂集：《北梦琐言》，《丛书集成初编》，中华书局，1985年。

（宋）高承撰，（明）李果订：《事物纪原》，《丛书集成初编》，中华书局，1985年。

（宋）钱易：《南部新书》，《丛书集成初编》，中华书局，1985年。

（宋）孟元老：《东京梦华录》，《丛书集成初编》，中华书局，1985年。

（明）谢肇淛撰，郭熙途校点：《五杂俎》，辽宁教育出版社，2001年。

中国社会科学院历史研究所等编：《英藏敦煌文献（汉文佛经以外部分）》第1～15卷，四川人民出版社，1990～2009年。

上海古籍出版社等编：《法藏敦煌西域文献》第1～34卷，上海古籍出版社，1995～2005年。

敦煌文物研究所编：《中国石窟·敦煌莫高窟（全五卷）》，文物出版社，1982～1987年版。

《敦煌研究》，总第1～126期。

《敦煌学辑刊》，总第1～62期。

王尚寿、季成家等编著：《丝绸之路文化大辞典》，红旗出版社，1995年。

季羡林主编：《敦煌学大辞典》，上海辞书出版社，1998年。

麻国均、麻淑云：《中华传统游戏大全》，农村读物出版社，1990年。

蔡丰明：《游戏史》，上海文艺出版社，1997年。

乌丙安：《中国民俗学》，辽宁大学出版社，1985年。

高国藩：《敦煌民俗学》，上海文艺出版社，1989年。

谭蝉雪：《敦煌民俗——丝路明珠传风情》，甘肃教育出版社，2006年。

傅起凤、傅腾龙：《中国杂技》，天津科学技术出版社，1983年。

薛宝琨、鲍震培：《曲艺杂技志》，上海人民出版社，1998年。

徐永昌编著：《中国古代体育》，北京师范大学出版社，1983年。

陈昌怡、谭华编著：《古代体育寻踪》，人民体育出版社，1990年。

任海：《中国古代体育》，商务印书馆，1996年。

毕世明：《体育志》，上海人民出版社，1998 年。

李金梅、李重申：《丝绸之路体育图录》，甘肃教育出版社，2008 年。

颜廷亮主编：《敦煌文学》，甘肃人民出版社，1989 年。

张锡厚：《敦煌文学》，上海古籍出版社，1980 年。

胡同庆、安忠义：《佛教艺术》，敦煌文艺出版社，2004 年。

向斯：《中国皇帝游乐生活》，新华出版社，1994 年。

王永平：《唐代游艺》，西北大学出版社，1995 年。

《全唐诗》引自网络版：http://www3.zzu.edu.cn/qts/。

《全宋词》引自网络版：http://qsc.zww.cn/。

《全宋诗》引自网络版：http://lib.ecit.edu.cn/guoxue/%BC%AF%B2%BF/%C8%AB%CB%CE%CA%AB/Index.

asp。